有效校本研修的策划

徐世贵　徐佰刚　著

东北师范大学出版社

NORTHEAST NORMAL UNIVERSITY PRESS

图书在版编目（CIP）数据

有效校本研修的策划／徐世贵,徐佰刚著.

— 长春：东北师范大学出版社,2018.12

ISBN 978 - 7 - 5681 - 5238 - 9

Ⅰ.①有…　Ⅱ.①徐…②徐…　Ⅲ.①教学研究

Ⅳ.①G420

中国版本图书馆 CIP 数据核字（2018）第 290012 号

□责任编辑：何　云　□封面设计：方　方

□责任校对：江　莹　□责任印制：张丽辉

东北师范大学出版社出版发行

长春净月经济开发区金宝街 118 号（邮政编码：130117）

电话：0431－84568159

网址：http：//www.nenup.com

电子函件：sdcbs@mail.jl.cn

大厂回族自治县祁各庄乡冯兰庄兴源印刷厂印刷

2018 年 12 月第 1 版　　2018 年 12 月第 1 次印刷

幅面尺寸：170mm×230mm　印张：12　字数：210 千

定价：48.00 元

校本研修才是教师成长真正的"家"

　　"天下极少蠢材，世上应多良师""只有一流的教师，才有一流的教育"……针对这些观点，教育的仁人志士早已达成共识。可是学校的良师从哪里来呢？

　　有的校长寄希望于外来良师，可是真正能引进来的有几个呢？有的校长一味依赖各级各类大师级人物来讲座，可是一阵"倾盆大雨"过后，当时听得很热闹，事后并不能解决根本问题，甚至有的内容因脱离实际，导致教师疲惫不堪，或陷入"乱花渐欲迷人眼"的迷惘之中，可谓劳民伤财。

　　那么，真正扎实有效的培训在哪里呢？毋庸置疑，请专家做报告、送老师外出学习是十分必要的，但这不是教师培训的根本。校长还应向内看，挖掘校内资源，便可"踏破铁鞋无觅处，得来全不费功夫"。因为，校本研修才是教师专业成长真正的"家"。

　　首先，校本研修源于学校教育的原生态，即学校和教师的需求、经验与问题；整合了教育资源，注重了校情学情；接地气，针对性强。其次，鸡蛋从外部打破是食物，从内部打破是生命。校本研修教师培训从受众客体变成了研修主体。这能发掘教师自身潜能，其意义是巨大的。再次，校本研修能让教师把学习、研究、实践有机结合，即把理论与实践，学习与应用很好地结合起来。也就是说，校本研修是集学习、工作和研究于一体的学校活动和教师行为，它以学校为主阵地，以教师为主体，以教育现实为研究对象，经历了实践到理论的提炼过程。此外，能够克服和解决工、学矛盾的突出问题。无论是"走出去"还是"请进来"，都会占用教师许多时间，而大多数教师都有繁重的教育教学任务，所以很难脱身。校本研修灵活机动、见缝插针，教师边学习、边研究、边工作，可以做到工作、学习两不误。最后，相对于其他培训方式，校本研修所需要的费用要少一些。

教师专业成长，提高课堂教学效率，校本研修就一定是灵丹妙药吗？也不尽然。关键看教师能不能把校本研修策划好，如果策划不好，仍然是低效和无效的。有人曾这样形容一所初中的校本培训：校长动员，豪言壮语；培训计划，完美无缺；培训过程，大打折扣；培训结果，"合作"造假。虽然这样的形容有些偏激，但是值得我们反思。过去我们一些学校的校本研修也出现过一些重外在、不重内涵，重形式、不重实效，浪费教师时间、劳民伤财的现象。

目前校本研修还存在五不强：规划性不强——肤浅；针对性不强——低效；系统性不强——零散；层次性不强——呆板；实践性不强——空洞。空谈误国，实干兴邦。摒弃理论上的虚华和浮躁，重实际讲实用，本书会给你开阔视野、指点迷津。你在校本研修上遇到的许多困惑、难题，在这里都能找到答案，让你看得懂，用得上。下面介绍一下本书特点。

1. 创新，有突破性

众所周知，自新课程标准实施以来校本研修（当时称校本教研、校本培训）曾经大大地火了一阵子。可是这些年渐渐地冷了下来。是这项工作不重要吗？当然不是，既然当时能火起来，就说明它一定有着不可忽视的重要性。但为什么会冷下来？原因是多方面的，其中校本研修重理论研究、轻实践操作是一个重要原因。那时也出版了很多校本培训教材，但是没有一本得到大家认可，可见我们对"校本教研""校本培训"这门科学的本质、策略、方法、形式还缺少全新的理解和认识。

本书突破传统观念，以校本研修实践为基础，借助现代教育理论，对校本研修的体例、内容、方法做了大胆的创新研究。这里既有对"集体备课""听课评课""师徒结对带"传统常规的校本研修的模式方法再创新，又创建出一些新的校本研修模式方法，如助推教师自主成长"六个一"校本研修策划，如教师"五种教学思想"梳理研修策划等。这样，为各位校长提供了鲜活的校本研修新理论、新思路、新方法、新经验，让大家有耳目一新的感觉。

2. 系统，有综合性

零碎散乱、内容无序，今天学这、明天学那，培训内容无选择、无体系，这种零碎散乱的培训是学校常见的。那么学校应该怎样做校本研修整体策划呢？本书提供了具有综合性的系统内容。全书共十一章，具体包括：第一章，总论；第二章，教师自主成长；第三章，教师"五种教学思想"梳理；第四章，有效集体备课；第五章，教师"磨课"；第六章，听课评课；第七章，阅读与专业写作；第八章，师徒结对；第九章，骨干与名师引领示范；第十章，小课题研究驱动；第十一章，主题研讨。这些正是多数校长感到困惑和迫切需要解决的实际问题，针对性特别强。

全书自成体系，全面系统，校长可以统筹做规划；同时每一章又有独立性，校长又可以选择其中某一章内容单独使用。

3. 实用，有操作性

本书每一章的写作方式是：案例分享—问题分析—研修策划。形式新颖、通俗易懂，理论与实践结合紧密；观点新，不人云亦云，有独到见解；说实践，力避空谈，并引入大量鲜活案例；操作实践性强，技术指导到位；离实践近，离校长近，语言朴实，深入浅出，校长看得懂、用得上。

目录 Contents

后　记

第一章
用校本研修为教师快速成长铺路架桥

"国运兴衰在教育，教育兴衰在教师""天下极少蠢材，世上应多良师"……由此可见，办好教育的关键在教师。

那么，良师究竟从哪里来呢？除了把好入口关以外，主要还是依靠在职提高。教师在职提高的方法多种多样：送出去培训、请进来讲座、开展校本研修等。哪种方法最优呢？因为教师专业成长的"根"在学校，所以校本研修才是教师成长的最优选择。学校"校本研修"抓不好，其他培训形式都是无本之木、无源之水。那么，有效的校本研修又该如何来策划呢？

 案例分享

初级中学高效校本教研的行动研究
沈阳市第五十中学

一、问题的提出

长期以来，学校的校本教研总是流于形式，集体备课的时效性差，指导教学的实效性也差。总结起来就是"会前不准备、会后不总结、年终交篇纸"！即使是公开展示的校本教研，也大多类似"概念车"，难于常态化，而且没能形成有价值的文字材料和教学材料，无法指导下一届教师的教学工作，致使每一届教师的教学工作都是"零起点"。即使是比较优秀的教师，自己留存的也基本上是三

年前的教学资料，很显然不适合新课程改革以来教学内容与时俱进的变化。

上述现象的产生，既有管理制度的原因，也有一线教师心存"教会徒弟饿死师傅"的保守因素，从而造成教师校本教研无章可循、时间缺乏保障、缺乏适合的"带头人"等不良后果。

开展本研究的目标就是要打破上述不良局面，以某一学科的一个备课组为试点，配备专职领导作为"带头人"，建立高效校本教研机制，既要促进实验年级该学科的教学质量的提升，形成浓厚的教研氛围，又要为下一届开展高效教学留下宝贵经验，同时努力将本研究获得的实践经验向各个年级及各个学科迁移、辐射。

二、问题研究的基本框架

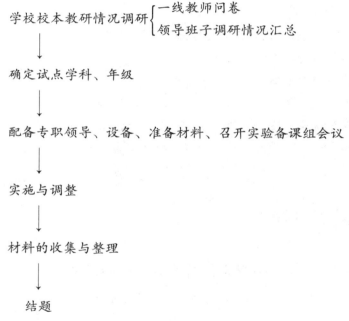

三、解决问题的方法和步骤

（一）准备阶段

步骤1：校本教研情况调研

目标：明确我校校本教研的实际情况。采集一线教师愿意在校本教研中付出怎样的劳动，希望通过校本教研得到怎样的收获，需要学校提供怎样的帮助，采用何种方式进行管理与考评等相关信息。

方法：将一线教师问卷调查、领导班子调研情况进行汇总。

经领导班子研究，由教务处副主任张鑫设计并发放了"一线教师校本教研问卷调查表"。

发放问卷66份，实际收回有效问卷62份（另有4份没有填写全，无效），覆盖语文、数学、外语、物理、化学、历史、思品、体育、音乐、美术等各个学科。

同时，领导班子成员利用分管各个学科备课的机制，深入各个备课组进行调研。

结果：在收回的有效问卷（问卷内的答案不自相矛盾）中，近80%的一线教师认为集体备课流于形式，近60%的一线教师认为教案成文是教学负担，近40%的一线教师认为备课是可有可无的，近70%的一线教师认为课堂效率难以提高，近80%的一线教师在课堂上的角色仍是传道者，近90%的一线教师认为领着学生大量做题是最有实效性的教学方法，近70%的一线教师在听课时关注的是授课人的缺点，只有约10%的一线教师能在听课后不断反思、对比自己的教学行为，只有约20%的一线教师认为有听课的必要，近80%的一线教师在评课时都在尽量说好话，近90%的一线教师不清楚评课标准，完全是跟着自己的感觉进行评课，只有约10%的一线教师能将评课的关注点落在学生身上，近90%的一线教师在评课时是针对别人的意见进行辩解。

收回的问卷中，近90%的一线教师建议尽量不要让备课、听课、评课占用太多的时间，甚至是能不搞就不搞。

面对上述统计数据，领导班子在吃惊甚至震惊的同时，结合在一线教师中开展的调研，进行了冷静而细致的分析：种种问题的主要焦点是实效性问题。并不是没有开展备课、听课、评课的必要，而是流于形式的备课、听课、评课没能给一线教师的教学工作带来应有的益处，应该引导、组织有实效性的备课、听课、评课，进而促进一线教师上课的实效性。

同时，为了更好地发动一线教师明确认识，针对上述问卷结构，我在全体一线教师大会上做了"有效备课、上课、听课、评课"的专题报告。

步骤2：确定试点学科、年级、专职领导——"带头人"

目标：明确具体研究的落实群体，形成共同意志。

方法：领导班子研讨、征求备课组长及中层干部意见。

结果：经与备课组长及中层干部沟通，领导班子经研究最终确定以七年级数学备课组为试点，以教务处副主任张鑫为专职领导——"带头人"。七年级数学备课组共 6 名教师，其中高级教师 3 人，一级教师 3 人，班主任 4 人，平均年龄不到 40 岁。教务处副主任张鑫是沈阳市中考数学学科 2006 年、2009 年两年的命题人，还是辽宁省百名研究型名教师、沈阳市首届一线教师十佳科研明星、大东区数学学科名师，有极强的学科号召力和组织能力以及科研攻关能力。

张鑫随即召开了课题组全体会议，明确了课题研究的目标：以高效备课为基点，通过听课、评课来促进高效上课；明确了课题研究开展的机制：由校长负责全面协调、全程参与，由教务处副主任张鑫负责组织，由全体七年级组数学教师共同落实；明确了试点时限：5 月 16 日（周一）至 6 月 24 日（周五）这 6 周为常规授课时段。

步骤 3：健全保障措施

目标：明确硬件、环境、时间、程序、反馈、展示、评价机制，既要确保顺利推进本研究取得实效性，又要确保在本研究中充分激活一线教师的工作热情。

方法：向课题组教师征求意见，领导班子研讨。

结果：建立了如下保障措施。

（1）硬件保障措施：调集了学校的一台录像机，借用了教务处副主任张鑫的一台录像机，配备了信息技术教师王罡提供录像、视频后期处理及刻录服务，将德育处旁边的空置教室作为备课、评课的固定活动场所。

（2）时间保障措施：建立长期、近期两套课题日程表。其中的长期日程表将七年级数学备课组的 6 位教师的相关活动做了时间安排及任务分配；近期日程表明确了具体的校本教研活动时间。这样，既给相关工作的承担人以足够的时间进行充分的准备，也给各项活动的展开提供充足的时间准备。

（3）程序保障措施：提前公布校本教研各项活动的相关负责人。

（4）例会反馈措施：随时收集一线教师的意见与建议，每周五召开领导班子会议进行反思、总结、调整、优化。

（5）优质展示机制：对于校本教研的各个环节的优质素材（如主备人、示范课、展示课、信息反馈评语、教案等）进行校内公开展示，既有借助学校走廊宣传板的展示，也有借助每周三的全校一线教师业务学习进行的展示。

（6）评价保障机制：对校本教研主备人、示范课及展示课的承担教师以及各项活动的意见反馈等进行自评、互评、领导评的等级制考评，汇总反馈，计入学期教师考评中，并且在晋职考评中予以加分。

（二）实施阶段

步骤1：集体备课

目标：以说课形式进行备课，通过主备结合互动研讨明确一个教学周内5课时内容的教学目标、重点难点、知识体系结构、教材处理、题型类别、课堂反馈测试、课后巩固强化等内容。

方法：每周四下午集体备课，时长90分钟，将次周的5课时教学内容分成第1至第3课时和第3至第5课时，分别分配给两位主备教师，其中的第3课时的重叠意在同课异构。

结果：

尽管第一周的主备教师内心忐忑，但备课质量很高——主备教师使出了浑身解数从教材分析、学情分析、教学环节设计、例题习题配套、课堂反馈测试等方面详细说明自己的教学经验与设计思路，其余教师也兴致盎然、积极补充。相比以往那种一言堂、蜻蜓点水、连表面都毫不热烈毫无实效的集体备课而言有着天壤之别。实际上，主备教师的精心准备体现了高度的责任心与使命感，而其余教师也被充分"激活"，有着深厚数学学科背景的专职领导张鑫的主持更加强化了思维的碰撞，众人目标一致，为校本教研提供了强大的推动力。

从第二周开始，集体备课越发成熟，主备教师与其余教师的备课热情不断高涨，而且理性思考的成分也不断提升，思维深度也不断增加。在专职领导张鑫的有效调控下，两节课的集体备课充实而圆满。

步骤2：集体听评示范课

目标：让示范课产生为同备课组其他教师"起草稿"的作用，评课时重点探讨"我将怎样开展这节课的教学"。

方法：主备教师按照备课内容进行3课时的公开示范，录像留存；每节课课后立即安排15分钟左右集体研讨、评课（预留出一节课的时长），录像留存；一周内，主备教师在示范课期间要比同备课组其他教师教学进度提前一节，真正起到示范"起草稿"的作用。

结果：第一周主备教师的示范课与其备课的思路是有出入的——经常出现拖堂的现象，这表明对学情分析还是不到位，教学设计时的教学密度、容量偏大，另外出现了一些备课预设之外的状况。课后的评课环节气氛热烈，各位教师热议空前，既充分评析了主备教师的教学亮点，也中肯地指出了主备教师教学中有待完善的部分。尽管如此，但主备教师的示范课的确对其他教师的同一节课具有宝贵的借鉴意义，既提供了值得学习的教学环节设计，也看到了应该改进的教学步骤，确实为其他教师同一节课的教学起到了"起草稿"的作用。

从第二周开始，主备教师吸取了教训，更加重视学情分析，基本都能在展示课中完成教学预设。

本次课题研究的6周中，每次评课少则用时20多分钟，多则45分钟，大家还觉得意犹未尽。由此也表明了七年级数学备课组的校本教研氛围空前高涨。

步骤3：集体听评展示课

目标：检验主备人的示范课是否真正起到"播下一粒种子"的作用。

方法：在主备教师的每节公开示范课后，随机抽取或是主动申报上同课异构对照课，没课的教师自愿观摩，课后研讨。

结果：第一周展示课授课教师是采用随机抽取的形式确定的，后续各周则需要从多位申请教师中选择还没有展示过的教师来上展示课，有8人次上了主备教师示范课后的展示课。各位教师都认识到了在主备教师的示范课后的展示课是一个难得的"升华课"——既可以传承主备教师授课时的亮点、改进主备教师授课时的不足，更可以凸显自己的教学特色、教学内容处理的过人之处，机会难得！从而真正体现了主备教师示范课抛砖引玉的作用。

步骤4：教学效果检测

目标：通过测试，反馈成绩，分析教学亮点与不足。

方法：在示范课、展示课后由第三方命制并批阅"教学效果检测卷"，对当堂的基础知识、基本题型进行测试。

结果：针对每一节课的教学内容，由示范课、展示课以外的教师命制并批阅"教学效果检测卷"，从整体上看，这6周每节的"教学效果检测卷"都是围绕当节的基础知识、基本技能、基本的教学以及基本的教学活动所进行的基础过关考核。从学生的答卷效果上看，授课教师的知识目标、教学重点和教学难点都得以很好的体现，学生基本上是100%过关。更令人关注的是，展示课的课后"教学效果检测卷"的平均分、优秀率几乎都高于示范课的相应成绩，这进一步印证了示范课的"起草稿"作用实至名归。

步骤5：教学素材的后期整理留存

目标：既便于主备人、授课人反复观摩自己的教学设计、教学行为，也有利于资料的传承。

方法：录像后将各课时截成各个视频段落便于按需调阅，将课件、教案、教学材料、作业单的电子稿一并整理好，最终都放到学校网站专栏中，便于教师随时调阅。

结果：各个教师的备课、示范课、听评课、展示课等都已录制，但由于时间关系，没能将各课时截成各个视频段落，但课件、教案、教学材料、作业单的电子稿一并整理好了，留待期末复习考试后备课组成员与信息技术教师王罡共同完成后期制作并上传至学校网站专栏中。

（三）结题阶段

目标：整理课题实施阶段所形成的文字、图片、统计图表等数据，分析本研究的实效性、亮点与不足，提炼经验、总结教训，为本研究的深化与推广打下坚实的基础。

方法：由专职领导——"带头人"完成资料、素材的整理以及初步分析，并提交备课组、领导班子进行集体研讨，进而共同形成总结性材料。

结果：紧锣密鼓的6周课题研究，尽管时间很短，但成果颇丰。

1. 本课题通过校本教研模式的变革，通过激活一线教师校本教研的积极性，实现了校本教研的实效性。以往我们学习借鉴了很多校本教研模式，但由于领导唱主角、一线教师扮演配角而本末倒置，无法形成积极教研的局面。而本课题的研究，在专职领导的带动下，充分给予一线教师自主权和展示机会，一线教师成了主角，彻底改变了以往沉寂、流于形式的集体备课，备课组各个成员充分交流思想和体会，积极申请展示课，表现了空前的积极性。

2. 形成丰厚的视频、文档等教学资料。尽管没能及时整理完毕，但可以预见，这些视频、文档等教学材料一定会便于下一届备课组的快速切入，起到很好的"搭梯子"作用。从示范课后的展示课相应的教学指标得以提升就能充分说明"起草稿""搭梯子"的实效性。

3. 可以预见本课题的推广价值。

（1）经过数学学科首轮完整地积累一个学年度各年级的材料后，次轮校本教研可以升级为各个教师集体备课前自主、随时调阅上一年度积累的备课视频、教学视频、教学材料，将集体备课的时长缩短为每周1节课，主备教师提供备课的文字材料供大家会后研读，主备教师的示范课缩减为至少2节，主要是对上一年度相应课时教学的优化。

（2）该校本教研机制可以拓展到数学学科的全部年级，并为其余各个学科的高效校本教研的机制形成提供实践经验，促成我校独具特色的校本教研模式。

四、问题研究的反思

1. 以往我们一谈到课改就会想到学生的体会和感受，却忽略了教师的体会和感受。事实表明，只有充分发挥一线教师的主体作用才能激活一线教师校本教研的积极性；只有真正适合一线教师的校本教研机制才是受欢迎的，才是有生命力的。因此，在后续的课题深化与拓展中，我们会高度重视一线教师的主体作用，会出台更有利于一线教师发挥主观能动性的举措，会给一线教师提供更多的展示机会，会与上级教育行政及培训部门联合为一线教师搭建更高、更大的展示平台。

2. 本课题研究的强度大，就像一部越转越快的发动机，拟在确保质量的前提下探索减轻强度的运行机制，让一线教师能够潇潇洒洒、轻松自在、更有尊严地投入到快乐的工作中。

3. 原本设计的"步骤5. 考评与展示"没能开展。原因有两点：一是课题运行的强度大，几乎没有时间进行考评与展示；二是整个备课组的教师热情高涨，没有采用评价、监督机制进行激励的必要。但反思一下，并非各学科、各年级的所有备课组都能有如此的积极性与自觉性，因此，还是有必要拟定考评与展示的相关措施的。

4. 靠相关教师临时调课来确保参与听评课在一定程度上冲击了正常的教学秩序，在下学期排课表时直接调整到位，为各学科开展校本教研提供充分的时间保障。

校本研修是一把双刃剑。搞得好，会大大提高教师课堂能力和专业水平；搞得不好，则不仅无助于提高教师教学能力，还会劳民伤财，影响教师的宝贵时间。通过上面沈阳市第五十中学的"初级中学高效校本教研的行动研究"案例分享，我们可以看出，这是一场重实际、讲实效的高效校本研修的活动，因而取得了预期的研修效果。

 问题分析

用校本研修开发唤醒教师专业潜能

教师本身蕴藏着巨大的专业潜能，平时这种潜能处于沉睡或抑制状态。关键看学校能否策划出恰当有效的校本研修活动，来唤醒和开发教师这种巨大的专业潜能。

一、校本研修概念诠释

（一）什么是校本研修

提到"校本研修"，大家马上会想到"校本培训""校本教研"这两个概念。这三者有什么关系？怎样区别呢？"校本培训""校本教研""校本研修"都属于依据校本开展培训教师的活动。

三者联系：开展教研活动是多形式、多级别的。有市县级教研活动，也有以乡镇为单位开展的教研活动。

三者区别：校本培训以通识培训为主，它关注教师的学习任务，注重教师观念的转变，并常以比较正式的集体团队学习的形式进行；校本教研往往围绕学科教学问题展开，它的关注不能停留在观念更新，而更加注重教师行为的跟进，更加强调共同参与、对话交流、分享经验，以自我组织形态为主；校本研修是为了满足学校和教师的发展目标和需求，由学校发起组织，以学校为重要研究基地，以教师为活动主体，学用结合的一种研修活动。

总的来说，校本研修与校本培训、校本教研之间的培训目标不同，培训主体不同，培训内容不同，培训方式不同。校本研修更完善、更科学。校本研修一般是先研后训，先点后面，以研带训，以训促研，研训结合，研训一体，管训结合。因为只有研出成果，研出经验，才能推动培训。抓典型、抓案例，把新课程的构想变成看得见摸得着的东西，以便在面上学习和操作。目的不是让人照抄照搬，而是开拓思路，举一反三，触类旁通。另外，有了案例展示和现场交流，大家能看得见研训成果，增强了学习的信心。所谓"拨亮一盏灯，照亮一大片"就是这个道理。

（二）对校本研修认识的误区

1. "校本" ＝ "本校"

有人认为"校本＝本校"，即校本培训专指"基于学校""为了学校""在学校中"的培训。其实校本培训，未必非得是"在本校中"的培训。校本培训可以有校际间活动、"走出去，请进来"、网络交互、学科带头人和骨干教师的引领等组织方式。

2. 校本研修 ＝ 教研活动

其实校本研修形式多样、内容丰富，当然包括教研活动在内，如业务学习、公开教学。但并不仅限于以上形式，还包括师徒结对、微课题研究、名师报告引领等很多活动。

3. 校本研修 = 被动听记

部分教师认为，培训者讲，参训教师听，才是培训；校本研修是培训者讲授有关知识，参训教师听、记等。其实，校本研修 = 自我反思 + 同伴互助 + 专业引领，是三个支点的有机结合，参训学员应发挥自身的主体作用。

4. 校本研修 = 忽略自主

不少教师妄自菲薄，认为自己不具备自我培训和培训同事的能力。其实，每个教师都是培训资源，他们的经验是可贵的培训资源。换一个角度看，教师的自我培训和培训同事，包括多种形式，如自学、合作、实践、反思、研究等。

（三）以往校本研修误区

有人曾这样形容一所初中的校本培训："校长动员，豪言壮语；培训计划，完美无缺；培训过程，大打折扣；培训结果，'合作'造假。"虽然这些评价有些偏激，但是值得我们反思。过去我们一些学校的教研活动确实有"重外在，轻内涵；重形式，轻实效"的问题，甚至出现一些劳民伤财的现象。实事求是地讲，由于种种主客观的问题，我们以往开展的教研活动，还存在许多误区，主要表现有以下几种。

1. 研修主旨不明

通常一个好的教研活动，应在一个学年或一个学期整体规划设计下，系统安排一组多项活动，而每一次活动都会有相应的任务，构成一个系列化的教研活动。但是有些教研部门组织的教研活动，由于没有整体规划，活动主题、目标不明确，或为搞活动而搞活动，或零打碎敲，从而导致教研活动具有一定的盲目性。活动的重点在哪里，解决的问题是什么，组织者心中没谱，自然学习者心中就更没数了，这就大大降低了教研效果。

2. 研修主角错位

以往有些教研活动，从活动的准备到结束，常常是上课教师在忙，评课专家在忙，广大参与教研活动的教师只需带着耳朵当陪客，没有参与交流的机会，学习被动。从活动效果看，上课教师和相关教研员投入了满腔热情，付出了艰辛的劳动，但活动的效果并不好。即使一些优秀课例，在广大教师看来也觉得与自己的日常教学相去甚远，无法移植或借鉴。这样，就很难把个别教师的优秀教学行为转化为群体教师的行为。大多参与教研的教师是以旁观者的身份出现的，没有问题意识，交流少，积极性不高，在教研活动中收效甚微，所以活动虽然开展了，但教学效果依旧。

3. 研修内容不符合教师需要

通常，教研活动的选题以自下而上为好，因为一线教师最清楚他们的困惑是什么，他们存在的问题是什么，最需要解决的是什么……但是多年来，上面的教研机构或学校领导喜欢从自己的经验或主观臆想出发，自上而下地去确定教研课题和研究方式。内容官定、时间僵化、分工不清、形式守旧，这就容易导致教研活动脱离学校和教师实际，针对性不强，教师参与教研的态度是被动的、消极的，缺乏创新意识，使教研活动事倍功半，甚至走形式、搞花样，劳民伤财。

4. 研修计划不周，组织不严

一个好的教研活动应该在内容、时间、地点、活动日程、签到簿、主持人、参与活动的人员等方面都计划周密，不出现任何差错。有的教研员在活动计划上考虑不周密，在教研活动中常常会出现差错和漏洞，不是人员通知不齐，就是环节衔接不上；不是讲话出了毛病，就是设备出了毛病，从而导致教研活动出现混乱局面。有的教研员对教研活动要求不严，在教研活动中，教师有昏昏欲睡的，有接打电话的，有交头接耳的，有里出外进的，有不辞而别的……显然这样的教研活动是不可能取得好的效果的。

5. 研修老调重提

有的教研活动设计无论从内容到形式都是老三样，即教研辅导，听课评课，专题讲座。既不能体现新课程的前沿思想，也不能实现常规教学上的突破。教研员讲不出新东西来，满足不了广大教师的需要，因而达不到理想的教研效果也就在情理之中了。

6. 研修"水过地皮湿"

"雷声大雨点小""虎头蛇尾"，这也是一些教研活动常见的毛病。出现这样的毛病主要有以下三种原因：一是教研活动本身的原因。如计划性、针对性不强，缺乏明确的研究目标，理论学习脱离实际，应付考试成为中心，任务布置多，深入研讨少等。二是教师本身缺少反思意识，不能主动自觉对所参与教研活动的成果进行很好的梳理、消化、吸收及应用。三是教研部门缺乏对教师参与活动后的效果的要求、督促、检查。

研修策划

有效校本研修的策划

什么是策划？策划就是积极主动地想办法，也就是谋划和筹划的意思，包括定计划，出点子。

俗话说，"凡事欲则立，不欲则废"。校长开展教研活动也是同样道理，不能草率从事，应该很好地策划，即从活动内容、形式、时间、地点、参与人员等方面进行很好地筹划，精心设计出针对性强、实效性强的活动方案。那么，教研员应怎样筹划教研活动呢？可以考虑以下几个方面。

一、加强规划，有目标和思路

有效校本研修，作为学校教学工作计划的一部分，一定要有整体规划，这需要做好下面几项工作。

1. 摸底子

摸清自己的家底。这个家底包括：从参加工作时间与目前工作状态看，有多少刚参加工作的青年教师，有多少教学已经达到合格的教师，有多少县区级以上的骨干教师，有多少县区级以上的名师等；从成长进步关注点看，一般刚刚参加工作的青年教师处于关键期，工作 10 年左右的教师教学工作容易出现高原期，工作 20 年以上的教师容易出现职业倦怠期，而工作 25 年以上的教师容易出现工作失落期。

为此，学校应分析每个教师的具体情况，要根据他们的需求制订研修计划。不管是参加工作不久的教师还是工作多年的教师，都要根据其基础、潜力和发展意愿，进行个人专业发展规划，从而以目标驱动来动摇教师的"职业满足"，确定哪些教师应该通过全员参加研修，哪些教师应该通过个别研修来进行培训。

2. 拟路子

这是对教师准备开展哪些全员性的研修活动进行策划，明确校本研修的具体内容和途径，满足全体教师共性上的需要。为全面提升全体教师的专业素质，校长应根据上级业务部门的指令计划结合本校实际制订学校教师专业成长培训规划。规划包括培训目标、内容、时间、措施、考核、评价等。如以下教师专业五项内容比较适合全员性校本研修：

（1）专业精神：师德、人格、专业态度、工作热情。

（2）专业知识：所教学科专业知识，教育学、心理学等教育理论知识，知识扩展，文化底蕴。

（3）专业能力：研读教材能力、了解学生能力、组织处理教材与教学设计能力、驾驭课堂能力、课堂管理能力、教育科研能力等。

（4）教学基本功：语言、教态、板书、应变能力、信息技术手段运用等。

（5）教育思想：教育思想是课堂的风骨，思想能走多远，决定了课堂能走多远。

3. 拿招子

因为学校存在青年教师、全员教师、骨干教师、名师等不同层次的教师。学校除了针对教师们所制订的每个阶段的总体规划，还应该制订不同层次教师的专业成长计划。如全员教师培训计划、骨干教师及名师培训计划、班主任培训计划、新教师培训计划等。像青年教师还可以搞一个"青蓝工程"，提出"一年入门，三年过关，五年成熟，七到十年成为骨干成为优秀"的培养目标。

二、营造良好的文化学习氛围

校本研修要以良好的文化学习氛围做基础。宽松的学校文化氛围，使教师感到舒心、放心，能够无所顾虑地工作；团结向上的文化氛围引导着教师，积极向上，不断进取，充分地发挥教师自身的积极性，使其人尽其才，各尽其能。

北京西城区展览路一小从1990年至今，培养出3名特级教师，1名全国十佳优秀辅导员，4名市级骨干教师，22名区兼职教研员，还创下了区评优课3个一等奖，3个二等奖，以及其他各种奖项和百余篇论文获奖的佳绩。一所普通小学为什么会培养出这么多的优秀教师呢？校长王庆利深有体会地说：我们的经验是眼睛向内，淘好身边的"金"。

他们的培养理念是：学校为我创发展，我为学校求发展。为此这所学校以"和""知""真""美"4个字为切入点，进行教师队伍建设。"和"指氛围和谐，人际和谐；"知"指崇尚知识，博学多才；"真"指讲真话，做真事；"美"

指心灵美、语言美、形象美。这 4 个字就是他们培养教师队伍的指导思想。

三、建立保障措施

给教师创造良好的学习氛围还远远不够，还应该为教师建立学习的保障措施。例如，辽宁省沈阳市文化路小学，为教师建立的学习保障制度是很值得借鉴的。

1. 时间与空间的保障

每周三下午 3 点学生放学后，教师静下心来以教研组、各学科研究会为单位开展教研活动。每周的周五班会后为大论坛时间，全体教师自愿参加校级教研活动。另外，学校在课程表的安排上最大限度地考虑到教学与教研的协调。教研活动期间，全校实行"绿色通道"服务，所有领导班子成员参与其中，提供一切保障服务。

2. 心境保障

学校努力为教师营造一个富有人文情结的工作环境，设法为教师发挥自己的聪明才智创造适宜的条件。让教师心情愉快、高效率地工作，不走形式，强调工作的有张有弛、轻重缓急，让教师的身体和心智像土地一样经常得到休养生息。如各种节日，大型活动期间的教研时间和内容的调整，出现倦怠情绪时的及时帮助，一段辛苦研究后的小小奖励……都会给教师带来颇佳的心情，从而使教研活动始终为广大教师所接受和喜爱，并获得高效的成果。

3. 组织保障

学校建立了一套严谨的校本教研工作运行机制，即校长决策调控—专家咨询指导—教导处具体负责—教研组、各科研究会落实—一线教师开展实施。在实施管理中各负其责，层层把关。

4. 物质保障

每学期学校固定投资 5 万元用于购买教育教学书籍、报纸、杂志、音像资料、教学软件等，其中一万元专款报销教师自主购买的教学资料。学校还为每位教师配备了一台电脑、一个 64 兆 U 盘，全校每间教室、办公室均能全天上网。只要教师提出来，教学中确实需要物品，学校基本都能保证。

5. 管理保障

每次校本教研活动都有严格规范的教研活动记录，并附相应的解决策略报告，提交大论坛内容，择优纳入学校资源库。

6. 评价激励

每学期末学校对校本教研开展专项工作总结，对突出的集体和个人给予物质和精神奖励。

四、为教师搭建施展才华的平台

教师自身具有强烈的自我发展与提高的欲望和自我超越能力。苏霍姆林斯基说："人的内心有种根深蒂固的需要——希望自己是个发现者、研究者、探索者。"教师也是如此，哪个教师不希望自己在教学工作中成为一个优秀者、成功者呢？所以，学校领导应该抓住教师这种心理，为满足教师自我超越的需要，为他们展示才华搭建平台。具体做法建议有如下几条。

1. 组织公开课

实践是一所最好的学校，在学校里组织公开课是展示教师才华和促进教师专业能力迅速提升的最好平台。所以学校应尽可能多地让中青年教师都去上公开课。

2. 开展学术研究活动

经常组织教师举行学术报告会，开展学术沙龙活动，举办教师"露一手"才艺表演活动等。

3. 评选星级教师

学校应鼓励教师用专业眼光看待自己的每项工作，让他们能成为教学明星。如根据教师特长，可评选"教学之星""科研之星""教育之星"等。

4. 为教师教学法命名

就像李吉林的"情境教学法"、邱学华的"尝试教学法"一样，如果某一个教师初步形成了独创的富有成效的教学法，学校就可以给他们的教学法命名，并帮助总结和推广其经验。

5. 倡导成名立说

许多老师工作了一辈子，他们在教育教学工作中积累了丰富的经验，这是一笔巨大财富，但是由于没及时整理交流，有些宝贵的经验随着教师退休也就泯灭了。这不能不说是一种智慧的损失。所以学校应积极倡导教师成名立说，鼓励教师撰写论文，写教学日记，去总结和记载教育教学经验，提升自己，启迪别人。久而久之，学校就会拥有一个巨大的资源宝库。

6. 成立教师研究会

从学校的实际出发，根据教师的需求，结合教师的个体优势，成立多个教学研究会，以此搭建教师们合作教研的舞台。教师们根据自己的需求、兴趣、研究特长自愿组合，自主选题，申报后经学校审批命名。如"班主任工作艺术研究会""校本课程开发研究会""学科教学研究会""学科与信息技术整合研究会"等，这些民间研究组织的成立往往就成为教师对话的沙龙和舞台，给教师创造了展示才华的空间。

7. 发表文章

创办校刊或编辑出版教学经验论文集，为教师发表各种经验材料创造条件。

8. 定期组织论坛交流

用一种大家谈的论坛形式给广大一线教师提供一个交流研究的平台。论坛可以每月一期，主题随着教师的教学思想动态，由学校设计推出，教师全员参与。在大家都来谈、大家都来听的过程中，对比别人的观点，反思自己的认识，从而受到新思想的启蒙，起到教师之间的相互启发、相互影响、相互激励、共同提高的作用。

五、为教师成长建章立制

教师的成长如能与学校的教学管理、人事管理结合起来，使其形成机制，即制度化、经常化，就能从根本上保障和促进教师的成长。

教研组是学校开展教学研究的最基础的单位，是教学研究的"前沿阵地"，是形成教师集体的基础，是教导主任指挥教研活动的"腿"。因此教研组作用的发挥，对于发挥教师集体的智慧、调动教师积极性、广泛开展群众性的教研活动，对于教导主任得心应手、有条不紊地开展各方面工作都具有重要的意义。任何一个有头脑的学校领导都不会忽视教研组作用的发挥。

六、考核评价，强化教师反思意识

考核评价具有导向功能，教师参与校本研修也是一样。你向哪个方向考核评价，教师就会向哪个方向努力。为此应该努力探索有利于调动教师积极参与校本研修活动的考核评价方式。如下面这所学校在这方面做了很好的尝试：

在校本培训工作中，我校打破了单一的"以分定绩"评价教师的模式，从多角度、多层面发挥评价激励功能，建立了开放的评价体系。一是"周会"，各个备课组每周至少有一次集中研讨活动，主讲教师展示自己的思想，讲述"我的教育小故事"，交流"我的教学案例"或教学反思，其他老师认真评议，参与研讨；二是"月悟"，学校每个月安排一次专题活动，由一批批青年教师根据专题展示自己的课堂教学和阶段性研修成果，内容涉及梳理教育教学工作中的得失，帮助教师在与他人的横比、与自己的纵比中找差距、找信心；三是"期评"，每学期，我们都结合教师任教的学科，对教师的专业发展情况进行科学考评。以语文学科为例，以备课组为单位，对各个班的朗读、背诵和口语交际进行考评，考评结果在组内交流后报学校分析；对全校的写字和写作情况进行集中考评，全校语文老师利用周末半天时间，互相查阅各班的练字本、"童年的风景"练笔本和习作本，分析各班的优点和存在问题，不计学生个人成绩，只看班级整体发展，学校表彰一批写字、写作先进班级和优秀辅导老师。四是每年年底，学校都要统计教师的教科研成果，评比表彰一批教科研先进个人和积极分子。

第二章
助推教师自主成长"六个一"校本研修策划

　　教师专业成长最有成效的途径便是：变教师"被培养"为"自主成长"。教师专业成长靠两种力量：一种是引领助推的外力，另一种是自主研修的内力。二者孰轻孰重？外力引领助推是必要的，但真正的名师是自主培养的，自主成长是教师成长力的核心。教师可以参加各种培训，但是别人代替不了教师自己的学习，谁能陪教师一辈子，只能是自己成就自己。

　　那么，学校应该如何助推教师自主成长呢？开展"六个一"校本研修是一种十分有效的方法和途径。

 案例分享

"自给式"培训：我的选择
江苏省泰兴市焦荡小学

　　提到培训，不少教师都会想到一些部门组织的收费昂贵、形式单调、缺乏滚动性和针对性的各种培训。我这里要说的却是另一种："自给式"培训。"自给式"培训顾名思义，即自己培训自己，给自己"充电"。具体途径有三种：学习名师、细读精记、专业写作。

　　学习名师。名师们都说："学习名师就是站在巨人的肩膀上。"作为农村小学教师，一没余钱，二没机会，自然无缘与名师面对面。但是网络却为我们搭

建了亲近名师的桥梁。我先后在"教育论坛"中搜索并下载了许多名师的课堂设计、实录、教后感和教学录像等，再定下每天读其中两篇或看教学录像一节的任务。在和名师不断"对话"的过程中，我领略着他们异彩纷呈的教学艺术；我体验着简单语文、深度语文、诗意语文、对话语文等流派各鸣佳音的教学理念；我学习着导入、提问、点拨、结课等环节独树一帜的教学策略……饥渴的我一点一滴地吸取着名师的"真经"，是名师一步一步引领着我走向博大、智慧和成熟。

细读精记。作为新时代的教师没有书香气息是绝对不行的，教师只有好读书、读好书，才能跟上教育改革的步伐，才能用榜样的资格和力量引领学生在书山学海中流连，才能以一池清澈而富含"矿物质"的有源活水，引领学生在知识和精神的世界里徜徉。读书既读专业性的学科著作，也读综合类的"科外闲书"；既读短小的"豆腐块"，也读高深的"大部头"。我读教育专著《语文科课程论基础》《给教师的一百个建议》；读"闲书"童话《一千零一夜》《乌丢丢的奇遇》；还读自费订阅的《读者》《江苏教育》《小学青年教师》等。我一边读，一边认真地做摘抄和反思笔记……细读精记开阔了我的视野，启迪了我的思想，厚实了我的底蕴。

专业写作。有了"实践＋阅读"，有了"名师＋自己"，有了"摘抄＋反思"，专业写作自然水到渠成，普通教师也可以用专业写作向世界发出自己响亮而独特的声音。我相信问题即课题，我知道行动研究、叙事研究和校本研究更适合一线教师，我告诉自己要做"有思想的行动者"，不做教书匠，争取成为科研型教师，我明白"教而不言、思而不写，必将行之不远"……因此，我写教育随笔、教育叙事、教学案例，也写教学论文。专业写作改变了我的行走方式，打造了属于我自己的"教师品牌"，是它让我踏上了专业成长的快速列车。

毋庸讳言，"自给式"培训具有经济性、实效性和内源性等特点，它不需要本就捉襟见肘的农村教师再交纳昂贵的费用，更没有"他压式"培训中的"突击"和"应付"，给自己"充电"的"自给式"培训，是我的选择。

（选自《中国教师报》）

从上面这位老师的成长过程看，他正是变"被培养"为自主成长，也正是自主成长成就了他自己。可见，一个好教师不全是靠培训成长起来的，更不是靠检查、评比造就的。教师很苦很累，整天忙着读人家的"书"，自己的"书"却没有读。因此，与其忙忙碌碌，不如围绕自己的特色钻研下去，深化、细化、创造属于自己的心灵财富，在浮躁的现实中寻求一份属于自己的宁静心境，并置身其中，朝着理想的目标默默地努力，静静地成长。

 问题分析

让教师在自己身上找到自己

教师成长有两条路：

第一条：教师盲目被动地去依赖别人培训。由别人拉着、推着，内容由别人来规定，时间、方法由别人来控制。不能说这种学习对教师成长没有帮助，但投入大，收效小。从这条路走出来的个性化教师凤毛麟角。

第二条：教师自己主动出击，自主选择内容、时间和方法，紧密结合自己工作实际和成长目标，边工作、边学习、边思考、边总结，这就是教师的自主学习。这是一条教师专业成长的高速公路。

当然二者不是彼此对立的，专业引领和学校督促管理是必要的，但真正的名师是自主培养的。你可以参加各种培训，但是别人代替不了你的学习，谁能陪你一辈子，追溯名师成长的脚步，名师成长史就是一部自主成长史，苏霍姆林斯基、叶圣陶、窦桂梅、魏书生、李吉林是谁培养出来的？主要还是自主培养出来的。每个人都有长期的自主学习的历程。

◆全国小学语文名师窦桂梅："凭着那份与生俱来的自信，我一步步地走向教学前沿；凭着一股勤劲儿，我向书本学习，几年来我的阅读量达300多万字，记下了20多万字的读书笔记，500多万字的文摘卡片；凭着一股恒劲儿，我向实践学习，几年来我写下了10多万字的教后记；凭着一股韧劲儿，我向名师学习，几年来我听了校内外教师的1000多节课。"

◆全国数学名师吴正宪："从一个中师毕业生到全国著名小学数学特级教师，他是怎样实现这种飞跃的呢？还是靠自主成长。自主成长有助于调动教师自己学习的主动性和自觉性。从哲学上说，教师成长，内因是变化的依据，外因是变化的条件，外因通过内因起变化。"

◆特级教师张富说："我没有高学历，也不是高智商，今天所具备的教育能力得到同行认可，完全不是得益于高智商。教改让我钻研理论，博采信息，我记下的教学笔记有76本。教改要定方案，写实验总结，做经验介绍，对我的理论

水平、教学观念、思维能力、研究能力、写作能力、演说能力等，都是一次次'跳摘'训练。我能写出 3 本专著，100 多篇论文，在各地讲学能受到好评，都是潜能得到开发的结果。"

◆特级教师钱梦龙说："人的能力暂时低一些不要紧，但心中的标尺不能低。"

一个教师不能总是"被培养"，求人不如求己！别人不给我们机会，我们要自己为自己创造机会，为什么不主动学习，而要等着别人去欣赏自己呢？要自己培养自己，把自己做大、做强，自然就有人欣赏你了。

什么是自主成长？所谓自主成长是指教师个人自觉地根据内在成长需要和动力，结合个人生活实际，通过自我规划、自主学习、自我评价和调适，以实施自我专业发展和自我更新为目的的学习活动。

教师自主成长有三个特点：①成长动力来源于个人的内需；②学习方式和过程由个人来控制；③融入到每个人的生命生活当中，与个人的信念、兴趣、爱好、特长、习惯等个性品质紧密结合在一起。

当然，我们在这里强调教师自主成长的重要，并不意味着教师的成长环境，以及各种培训和教研工作就不重要。外在帮助同样是至关重要的。因为人的本性是有惰性的，在教师专业成长中仅仅靠教师自主学习，既没有利益驱动，又没有制度约束，加之学校的各种教科研活动少，这肯定会影响教师的专业化成长。

教师的自主成长优势如下：

首先，自主学习是教师专业成长的根，有了自主学习，教师才能海纳百川，把每次学习、培训所获得的信息沉淀下来。有了自主学习，教师才能把各种外在学习的知识技能转化自己成长的工作实践，形成能力。有了自主学习的根，教师才能让专业素养生长得枝繁叶茂。

其次，自主成长强调教师成长的人本化。即教师自主成长能与教师工作、学习、生活、业余兴趣爱好、特长有机结合起来。也就是说教师自主成长，不是外在培训，单纯就是为了学习而学习，为了工作而工作。它已成为教师生活、生命中不可缺少的一部分，它与教师的成长生活有机结合在一起。它可以自觉地发掘出生活中的有利因素，使自己的内在专业结构不断更新。以完善人生，充实个人的生活为目的自主学习，使他们不仅获得了专业成长，而且能体验到人生的幸福和快乐。

最后，适应个人的成长差异。教师之间存在着极大的个别差异。这里不仅存在着学科、年级、年龄上的差别，还存在教学能力、兴趣爱好、特长等个性品质等方面的差异。所以只有自主学习才更有助于每个教师结合实际，从自身需要出发，充分利用自己的生活、工作空间，发挥各自优势。否则教师只是利用统一的培训内容、统一的培训时间、统一的学习方式来学习，自己的学习成长会受到极大的束缚和限制。

 研修策划

教师自主成长"六个一"校本研修策划

所谓教师自主成长"六个一"校本研修策划，即学校助推教师自主成长，学校可以从以下六个方面开展工作。

一、培养一种自主成长意识与动力

教师成长包括两个系统：一是动力系统，包括专业精神、兴趣、心态、意志等；二是操作系统，包括目标规划、方法途径、思想观念等。目前教师缺少专业能力，更缺少工作动力和激情。很多时候，影响我们的不仅仅是能力，更是心情。特级教师张思明说："影响教师成长的最大障碍，不是环境和他人的作用，而是自己的惰性、满足、自我原谅、自我开脱。教师提高素质不能只靠别人来教，更主要的是靠自己去做。"

1921 年美国著名心理学家对 1152 个智能超常儿童（82% 是男性）做了一次追踪研究。几十年后，从这 82% 的男性中挑出成就最高的 20% 和最低的 20% 对比，结果表明，高智力不等于高成就，那些取得高成就的人是属于进取、勤奋、自信、意志坚强的个性素质较好的人。

真正的名师是自己培养出来的。从来就没有救世主，也没有神仙皇帝，你可以去参加各种培训，你也可以得到学校的各种帮助和支持，但是别人代替不了你的学习和提高，最终只能靠自己。自己的梦自己圆，谁也不能陪你一辈子，只能是自己救自己。由此可见，内动力是教师快速成长的第一要诀。

通常，教师的职业人生有三种境界。

1. 谋生型

这种类型的教师就是以谋生为工作动机和人生追求，只是为养家糊口。他们很少想或者不去想如何通过教师这个工作岗位去追求成就感，实现人生价值，更不可能找到教书育人工作的乐趣。他们把每天的工作当作负担，在他们心里：工作＝挣钱。只有工作成果，没有研究成果；只有经济收入，缺少精神收入。

2. 事业型

这种类型的教师不仅把教师这个职业当作谋生手段，更是把它当作追求自己的梦想，展示自己才华和实现自己人生价值的一个舞台。他们把工作不仅看作是一种责任和任务，而且看作是一种事业和追求。他们能把职业的价值提升到与个体生命价值追求相一致的高度，因此他们的工作积极性很高，也是很有成就的。但这还不是教师人生的最高层次，他们很苦很累，他们还缺少一点愉悦。

3. 志业型

这种类型的教师除了具有第二种类型的特质外，多了许多在教书育人中追求人生幸福快乐的因素。他们会化解烦恼，勇于面对困难和挫折；他们快乐地工作，快乐地生活，他们能把实现生命价值和职业价值，注入乐趣之中。他们在教师生涯中，不仅收获着物质财富，同时，还收获着研究成果，收获着人生的幸福和快乐。人的一生，最灿烂、最辉煌的年华是在工作岗位上的岁月，所以谈到生命的意义和人生的价值，最突出的应该是在其所从事的工作上。与孩子、同事生活在学校的每一天，构成了教师生命中最重要的一部分。教师每天在学校工作的经历，就是生命的历程。教师每天在学校工作开心与否、能否收获价值就决定了教师的生命是否有意义。

有人问全国优秀班主任于漪老师："您如何看待生命和生活？"她说："生命的价值在于创造和奉献，生活的道路在于开拓和踏平坎坷。"有人对120位优秀教师进行问卷调查，问"您一生最大的追求是什么？"119人（约占99.2%）认为自己一生最大的追求是"工作成功，做出贡献"。这对正在成长中的中青年教师是不无启发的。树立成才的崇高而远大的生活理想和信念，并为之而不懈奋斗，在奋斗中享受奋斗带来的快乐，这就是有意义的人生，有价值的人生。

在这个世界上，存在着两种完全相反的人，一种人生活在冬天，他们却很乐观，因为他们认为冬天已经来了，春天还会远吗？一种人生活在春天，可他们却很悲观，因为他们认为好花不常开，好景不常在。春天总是要过去的，冬天迟早要来。这两种人哪种人工作生活更快乐些呢？这应该是不言而喻的。而这两种人为什么对同样的世界会有不同的态度呢？这是因为他们的心态不同。

你如果不想被水冷却，你就得让水沸腾。有一个故事：一位青年充满抱负，曾立志要把青春献给教育。所以,在刚参加工作的前几年里,他对自己要求很高,工作勤勤恳恳,取得了非常优异的成绩,在全市也小有名气。几年后,他便开始有些倦怠了。有一次,他乡下的老父亲问:"你最近在学校感觉怎么样呀?"他说:"每天都在重复同样的工作,真没劲。"父亲是个铁匠,听了儿子的话之后,沉默了一会儿。然后,他操了一把大铁钳,从火炉中夹起了一块烧红的铁块,放在铁砧上用锤子猛锤了几下,随之把它丢入身边的冷水中。只听见"哧"的一声响,水马上就沸腾起来了。父亲对儿子说:"你看,铁是热的,水是凉的,我把铁丢进水里,水和铁就进行了较量,水想让铁冷却,铁却想让水沸腾。我们的生活就像这盆冷水,你就是这块热铁,你如果不想被水冷却,你就得让水沸腾。"没想到,一向敦厚朴实的父亲竟说出了这么有哲理的话。这个青年听后感到很羞愧,开始反省自己。于是,他重新制订了目标,并朝着这个目标不断努力,工作和学习都有了新的起点,生活也变得越来越充实了。

其实,我们的生活就像一盆冷水,许多教师本来也是块热铁,但在与冷水的较量中慢慢地冷却了下来,失去了当初的热量,甘愿静静地躺在那里。如果我们不想让平庸的生活冷却斗志,那么就得找回当初的激情,把自己加热,重新把生活这盆冷水煮沸!

二、制订一份操作性强的成长规划

你能走多远,关键在于你能看多远。人不怕路走得远,走得累,怕的是没有方向。方向比努力重要,目标比勤奋有效。曾经有一位从事教师职业二十余年的老教师感慨地说,这二十多年来,几乎对自己的专业发展没做什么规划,就这样平庸地一路走来。后来,在制订个人规划的过程中,他通过对个人现状分析,才发现自己具备很多优势,比如工作勤恳、不甘落后。经过理性的思考,他觉得不能让自己再这样漫无目的地度过余下的职业生涯了,自己应该有所作为,应该为自己的职业理想而付出努力,应该在自己结束职业生涯的时候有所收获,而不是两手空空。因此,他给自己制定的发展总目标是:通过三年的努力,成为区内具有一定影响力的研究型教师。

当前,教师很少有专业成长计划,通常体现在以下几个方面:

◆盲:盲目。没有确定对的方向和目标,缺少规划,这样几年、十几年过去,成长不快,没有特色。

◆忙:匆忙。百分之九十九的人都忙,忙什么却不知道。上面让干什么自己就干什么，缺少自己的思考。

◆茫：迷茫。自己发展思路不清，从众、盲目跟风。别人干什么我就干什么，东一头，西一头，随心所欲，浅尝辄止。

所以学校在助推教师自主成长中，一定要求教师制订一份成长规划。当然这个规划一定是切实可行、操作性强的。为达到这个目标，应该注意以下几点。

（一）分析自己的优势劣势

宝贝放错地方便是废物。在这个世界上，每个人都有自己的长处和短处，每个教师都有自己的潜在优势，每个教师的才智也各不相同，要想取得成功，关键是要认识自己的长处，发掘自己的创造潜力，发挥自己独具的才能，走出一条最适合自己发展的道路。郑渊洁说："每个人都有自己的最佳才能区，除非他是白痴，要拿自己的长处和别人的短处竞争，打得过就打，打不过就跑。"

现状分析不能泛泛而谈，应能凸显自己的个性：潜在优势、潜在劣势。人生需要找准自己的坐标。我是谁，我应该在哪里，哪里是我人生的最佳坐标，也就是寻找和创造能够最大限度地发挥自己才能的空间。

（二）自我诊断，超越自己

否定自我是痛苦的，但是有时教师只有客观地认识自己，并勇于否定自己，才可能超越自己，去创造一个崭新的自己。教师怎样去认识、超越自己呢？这就是要学会经常自我诊断，自我反思。

北京市西城区回民小学开展的教师自我发展诊断效果很好，学校引领教师进行自我发展诊断的方法很值得借鉴。

1. 问卷法

教师填写学校下发的教师发展需求问卷，领导班子进行阅读并统计分析。

2. 征询法

教师自主安排学生填写"我最喜爱的老师"问卷，家长填写"您心目中的好老师"问卷，自我进行统计并分析，促使教师走进孩子的心灵，了解家长的要求，努力做学生喜爱、家长满意的师德高品位、教学高水平、特长高标准的好教师。

3. 访谈法

领导与教师访谈沟通，亲自聆听教师对领导的期盼，认真倾听他们对学校管理的建议，进一步了解他们的个性需求，同时渗透学校的管理思想。

4.反馈法

向全体教师反馈学校满足个体需求的实施策略，达成共识。

（三）规划成长目标

教师成长目标的规划应是多元的，从时间上看，包括远期目标、近期目标、阶段目标和日、周、月单元目标等；从内容上看包括学习、工作、研究、健康、兴趣、生活等方面。

个人发展规划：①时间与任务：短期目标、中期目标、长期目标；②方向与范围：内动力方面、教学工作方面、教科研方面、班主任工作方面、特长方面、兴趣爱好方面等。

军队打仗要寻找突破口，教师成长，做成长规划也要寻找突破口。如教学法和风格研究，李吉林老师认准的是"情境教学法"，孙双金老师擅长的是"课堂辩论法"，于永正老师拿手的是"课堂表演法"，王崧舟老师出彩的是"情感体验法"。因为他们突破口找得准，所以后来都成功了。

突破口是指切入点，包括特性：

（1）教师有优势（知识、技能、特长等），易于切入、易被突破的地方。

（2）教师有感兴趣、愿意做的事情。

（3）与眼前工作能结合上。

（四）规划成长方法措施

目标确定后，就要围绕目标制定发展措施了，发展措施一定是易于操作的具体方法和手段。如参加一个什么样的课题研究，学习哪些书籍，撰写哪方面的论文等，这样会更容易衡量自己是否完成了短期的目标，从而检验自己是否达成了分解目标的目的。

方法实施：①多读。读教育刊物，读特级教师、优秀教师的教育故事，读教学经验，读经典教育专著，查阅网络资料等。②多听。听专家讲课，听资深教师上课，看特级教师公开课的光盘。③多做。移植优秀教师的教学经验在课堂尝试，多上校级、镇级或县区级公开课。④多思。要经常进行教学反思、总结经验教训。⑤多写。多写教学反思、课堂纪实案例、论文、学习笔记等。

选择合适的学习方法：①读书法，从各种报刊图书中吸收知识营养；②网络法；③备课法，带研究的意识去备课、创新；④移植法，学（学典型经验）——

仿（模仿借鉴）—创（逐步形成自己特点）；⑤叙事研究法；⑥小课题研究法；⑦公开课历练法；⑧拜师求教法；⑨听课评课法；⑩教学后记法。

结交五种朋友：①同行知己。多几个志同道合的教师朋友，遇到困惑问题在一起做思维碰撞。②业内名师。精研一两位名家，确定一位重点学习对象，收集有关重点学习对象的所有资料，长期研究，掌握其最基本的教育教学思想，并在实践中应用。这样你站在成功者的肩膀上会看得更远，走得更快。③专家指点。所谓听君一席话，胜读十年书；一语点醒梦中人。④领导相助。教师不要忌讳与领导交往与接触。适时适当地靠近领导，让领导更多地了解自己，以便在关键的时候能得到领导的支持和帮助。⑤编辑友人。与教育报纸杂志、出版社编辑交朋友。一方面可以帮助你搞写作，提高你的写作水平；另一方面能为你提供交流展示成果的平台。

想，要壮志凌云；干，要脚踏实地。规划设计既不能因循守旧、目光短浅，也不能眼高手低、不切实际，更不能盲目跟从、无由效仿。相信自己的实力，才能实现目标。有这样一则有趣的故事：一群青蛙组织一场攀塔比赛，其间，许多青蛙感到不可能成功，于是先后退出。剩下最后一只，费了好大的劲终于到达塔顶。其他青蛙都去问它："你哪来那么大的力气攀完全程呀？"结果发现，胜利者竟然是个聋子，大家关于不可能登顶的议论，它一句也没听到。这个故事告诉我们：相信自己，认准自己的目标，勇往直前，永远不要听信那些以消极悲观的眼光看问题的人，因为他们只会打碎你内心美好的梦想与希望，让你失去实现目标的勇气！

有时，走到尽头是苦海，回头才是岸。曾经有人问一位企业家成功的秘诀是什么。企业家毫不犹豫地说：第一是坚持，第二是坚持，第三还是坚持。最后一句出人意料，第四是放弃。放弃？作为一个成功的企业家怎么可以轻言放弃？"该放弃的时候就要放弃！"他说，"如果你确实努力再努力了，还不成功的话，那就不是你努力不够的原因，恐怕是努力方向以及你的才能是否匹配的事情了。这时候最明智的选择就是赶快放弃，及时调整，及时掉头，寻找新的努力方向，千万不要在一棵树上吊死。"

三、主攻一个微课题研究

马云说："看见10只兔子，你到底抓哪一只？有些人一会儿抓这只兔子，一会儿抓那只兔子，最后可能一只也抓不住。"由此可见，明确目标就要全神贯注，聚焦才是硬道理。一个人什么都想要，最后反而什么都得不到。人生最重要的不是努力，而是方向。一个人一辈子围绕一件事转，全世界将围绕你转；一个人一辈子围绕全世界转，全世界最终将抛弃你。

一个人在任何一个领域里，只要持续不断地花6个月的时间进行阅读、学习和研究，那么他就可以具备高于这一领域的平均水平的知识。教师在教学研究中要做到短期速成，就必须目标专一，而且由一个主题拓展到多个主题，这样就会触类旁通，快速地将"一口井"变成"一个湖"。

所以学校应该要制订规划和创造条件，让教师主攻一个微课题研究，让他们养成长期关注一件事情的习惯。围绕一件事转，设定目标，把一件事情做好做精，证明自己是一流的、独一无二的，做到最好的自己。这样工作才会有深度。

四、精研一位名师

（一）为什么要精研一位名师

一根稻草丢在大街上是垃圾，绑在大白菜上可以卖白菜的价格，绑在大闸蟹上就是大闸蟹的价格。一个人做事不能完全靠蛮干，还要学会读好书、交高人，借力而行。一个人能走多远，就要看他与谁同行；一个人有多优秀，就要看他有什么人指点；一个人有多成功，就要看他与什么人相伴。

教师和校长快速成长，要学会向名师名校长"借力"。

1. 资源利用

李嘉诚的司机给李嘉诚开车30多年，准备辞职离去，李嘉诚看他兢兢业业干了这么多年，为了让他安度晚年，拿了200万元支票给他，司机说不用了，一两千万还是拿得出来的。李嘉诚很诧异，问："你每个月只有五六千港元的收入，怎么能存下这么多！"司机回答说："我在开车时，您在后面打电话，说到买哪个地方的地皮，我也会去买一点；您说要买哪支股票的时候，我也会去买一点，所以，到现在就有了一两千万港元的资产！"

名师名校长亦有如此效应，他们善于学习和思考，参与学术活动机会多，思维活跃、观念前卫、信息丰富。与他们经常接触、交流，在不知不觉中他们就会把最先进的教学理念和信息传递给你，那真是"踏破铁鞋无觅处，得来全不费功夫"。

世有伯乐，然后有千里马。借力名师名校长，不仅会给你带来学习资源，说不定什么时候他们还会给你创造难得的展示、露脸的机会。

2. 少走弯路

要知河水深浅，需问过河之人。当教师和校长在成长中找不到奋斗目标的时候，遇到困难、遭受挫折、急需力量支持的时候，学习、研究缺少方法的时候……名师、名校长作为过来人，定能为教师和校长的成长指点迷津。

站在名师及名校长的肩膀上，我们会看得更远，走得更快。有位老师说："有时与名师谈一次话，够你摸索 10 年。"名师、名校长在漫长的探索过程中既经历过挫折，也获得过成功，他们的忠告和建议是一种宝贵的财富。名师吴正宪是怎样实现从普通教师向全国名师跨越的？原因固然是多方面的，但接受高人指点，是她获得成功的一个极其重要的因素。

3. 激情影响

"近朱者赤，近墨者黑。"俗话说："跟着苍蝇进厕所，跟着蜂蜜找花朵。"跟积极的人在一起，你就是积极的；跟消极的人在一起，你也学会遇事抱怨。与高尚的人做朋友，你会收获高尚；与勤奋的人做朋友，你会奋起努力；与学识渊博的人做朋友，你会收获知识；与追求卓越的人做朋友，你会加快前进的步伐。

名师和名校长是一面旗帜，他们大多数心态阳光，有积极的工作热情和正能量，那是一道道光源，与他们接触交往，你会受到潜移默化的感染，得到激励。

4. 模仿借鉴

模仿借鉴是人类乃至动物界学习的最简便、最快捷、最常用的重要方法。特级教师薛法根说："我的教学功底是在一堂堂模仿课中练就的。移植别人优秀的、成功的科学成果，虽然是一种简单的验证性的实验研究，但对刚刚踏入教学和科研大门的青年教师来说，仍然不失为一条捷径——既能体验教育科研的过程，又可以夯实自己的科研基本功，还能缩短从教之初的适应期，取得明显教学效果。"

5. 找准对象

向谁借力？要找准对象。如果借力不当，不仅无助于成长，反而给自己带来麻烦。好的借力名家一定是师德高尚、业务精良、有理论素养更有实践经验的名师、名校长，即真正值得自己去学习和研究的名师和名校长。当然，谁能来帮助你？天下没有免费的午餐，首先需要你自己有一种执着的心态。

6. 转化创新

怎样借力？精研一位名家。根据自己的兴趣爱好、工作需要、任教学科、性格特点等来确定一位重点学习对象，收集有关重点学习对象的所有资料，长期研究。

"学我者生，似我者死。"借力不仅要模仿借鉴，更要转化和创新。虚心学习别人，但又不能迷失了自己。"师傅领进门，修炼在个人。"知识方法可以传授，但能力不是讲出来的，外力不能完全代替自主成长，路可以由别人来指点，方法可以学。但路最终还是要靠自己走，学习—借鉴—内化—创新，取其精华，灵活运用，找到自我，创造自我，做最好的自我。

一根稻草绑在大闸蟹上就是大闸蟹的价格。学会借力，普通教师、校长成长为名师、名校长便为期不远了。

平凡中见伟大，平凡而不平庸，这就是名师。名师是平常人，也是从平凡中走出来的，也是一点一滴积累起来的。所以骨干教师在师法名师时要克服心理障碍，要大胆地与名师交朋友，勇于和名师交流。只有这样你才有可能赢得高人点拨的机会。

（二）师法名师的对象

骨干教师学习名师首先是选择好学习的对象。选择对象也很重要，对象选择得当，学习收获会事半功倍，否则会事倍功半。骨干教师选择名师学习对象应该考虑这样几个因素。

1. 对口

所谓对口即和自己相似的因素比较多。如学科、专业、兴趣爱好、地域、经济条件等，即真正符合自己的需要。

2. 就近

就近主要是考虑学习指导方便，如一个年级、一所学校、一所城市、一个地区，能够选择近的就尽量不选择远的。当然这也不是绝对的，看实际需要。如果名师合适也可以跨年级、跨学校、跨地区。基于现代社会网络信息技术的发达、电话通信的方便，在很远的地方也可以找到自己青睐的名师学习对象。

3. 可学

可学即是真正找到师德高尚、业务精良、个性独特、又能热心帮助自己的值得学习的名师。

4. 多重

多重即不满足拜一两个名师，有条件可以多拜几个名师，甚至是不同层面的。如有本地的或外地的；不仅有专家型的，还有正在成长中的中青年骨干；不仅有教师行内的，也可以有本行业以外的，例如，为了获得写作和交流成果的需要，也可以拜杂志社编辑为师等。

（三）师法名师的方法途径

1. 读书

书籍是人类进步的阶梯。名师论文、专著、博客等记载着名师的教育教学经验方法、理解处理教材的先进教学理念以及人生感悟等。所以学习名师首先要多读名师的书，包括一些声像资料。

2. 听课

听课、评课是学习名师的又一种好方法。听课评课包括两种情况：一是去听名师的课，而后与名师交流；二是请名师听自己的课，让名师给自己指导。无论是哪种形式，要想取得预期的效果，教师都要认真做一些准备工作。

3. 请教

当面直接请教名师是师法名师最简便、最常用的方法。请教应该注意这样几个问题：一是既然是请教，就要虚心，抱有诚恳的态度；二是要注意请教时机，避开名师比较忙碌的时间段；三是要有充分的准备，想交流请教什么问题必须做到心中有数。

4. 网络

发达的现代信息技术，也为教师向名师学习提供了方便条件。教师可以通过网络下载资料，也可以通过 QQ 和邮箱等与名师建立联系，参与一些教科研活动等。

5. 模仿

教学有法，不是一蹴而就，是先得"一法"后兼及"他法"，先学"一家"后师法"百家"，然后融众家之长形成自己的风格，就像练书法一样，先"入格"而后"出格"。经验移植研究法的整个学习过程可概括为"学习—借鉴—内化—提高—实践与创新"。

五、建构一种有效的教学法

教师要敢于建构教学法。教学法并不神秘，一般有一定教学经验的教师，只要认真总结，并吸纳一定的教学理论，加之取得校领导和教学研究人员的帮助，再经多次反复修改升华，就可以建构自己的教学法。

建构教学法通常可以采取以下步骤：找特点（找到自己的特长优势所在）—学理论（上升到理论认识）—写定模式（用文字将教学步骤环节做归纳概括）—练模式（将模式回到课堂实践检验修改）。

（一）找特点（找到自己的特长优势所在）

著名儿童作家郑渊洁说："每个人都有自己的最佳才能区，除非他是白痴。要拿自己的长处和别人的短处竞争，打得过就打，打不过就跑。"这种见地是耐人寻味的。其实，每个教师都有自己的优势和劣势，如有的教师有表达优势，有的教师有朗读优势，有的教师有表演优势，有的教师有书法优势，有的教师有绘画优势，有的教师有音乐优势，有的教师有年轻优势，有的教师有人缘优势，有的教师有绝活优势……这些都是教师从事教学上好课的最好资源，关键是如何去发现、开发和利用它。

找特点首先是找一个突破口，从最"能做"的方面入手，发现自己的教学长处、教学棱角，再和其他教师一起研究教学流程和操作系统，总结自己的特色。找特点千万不能赶时髦、摆花架子、盲目追随、生搬硬套，而应该因人而异。

（二）学理论（上升到理论认识）

没有厚积，不可能有薄发；没有深入，不可能有浅出。深厚广博的知识营养是形成教学法的基础。一个教师教育信息闭塞、知识贫瘠、孤陋寡闻，是搞不好教学的，更谈不上形成教学法。为什么许多教师在总结提炼教学法时无话可说，就是因为书读得少，积累少。所以，教师在研究教学法时要注重学习，开拓思路。通常应做好这样几件事：

1. 读理论，找范例

一是学习研究名师的教学经验理论书籍和与教学相关的一些前沿理论书籍，如建构理论、多元智能理论等；二是学习研究什么是教学法，把教学法的概念、特点以及当前有哪些先进的教学模式等内容搞清楚。可以找一两个典型的教学模式范例做重点研究，即研究其内容及写作格式，以供自己借鉴。

2. 借理论，理经验

对于一个普通教师来说，梳理建构教学法必定不是一件非同小可的事。在学习理论以后，要和自己过去的教学实践相对照，对自己的教学经验进行梳理思考。做到"三个关注"和"两个反思"：即关注自我经验、关注文献资料、关注课堂现实；反思经验与理论、反思教学设计与课堂现实。看哪些东西自己想到了，人家也想到了；哪些东西自己没有想到，但人家想到了，学习理解后补进自己的教案；哪些东西自己想到了，但人家没想到，要到课堂上去用一用，验证一下自己想的是否真有道理，这些可能会成为自己以后的特色。

简言之，在梳理中问自己：我的课堂，哪些是高效的？哪些是有效的？哪些是低效的？哪些是无效的？哪些是负效的？

3. 多请教，勤反思

在可能的情况下，可以去向有经验的同行、领导和专家请教。储健明老师这样谈自己的教学模式的形成："任何成功的教学模式都能很好地把教学目标与教学活动汇聚在一起，体现独特性、操作性、稳定性、有效性的基本特点。在逐步认识和运用教学模式的过程中，围绕'语文课堂教学优化'课题的研究，我多次与省内外、市内外的同行开课研讨。1996年的一堂《绿》的教学记忆犹新。那次评课，我和那些专家、学者坐在一起，坦诚的对话使我受到莫大的教益。大家充分肯定了我作为语文老师的专业功底，对新课型结构也予以认可，并提出了中肯的建议，诸如教会与学会的区别在哪里、学生的积极参与策略是什么、在什么环节上能一石激起千层浪、如何组织互动教学等。

"不久，我针对这些问题进行了理论充电，再次反思课堂教学的环节、结构，完成了《科学理序，优化教程——我教〈绿〉》的教后感。文章一经刊出，迅速引起许多语文教师的关注。从此，'引—议—联—续'四环节教学模式得以诞生。这个模式以师生主体理论为基础，采用互动参与为主的教学策略，融合问答激思、讨论辨析等手法，培养学生的互动精神和学习能力。'引'是引言定向，自读感知。'议'则重点研读，展开讨论。'联'即联结延伸，融会读写。'结'为照应全课，总结升华。四环节通过学生自己的积极思维，生成学习自主的意识与行为，贯穿一个'导'字，体现一个'活'字，融知识顺序、认知顺序与情感体验于一体，环环紧扣，层层激思，充满紧张、灵活的智能活动，促进师生的共同进步。"

（三）写模式（提炼构想自己的教学模式）

总结提炼教学模式，教师一定要重视写。写作是一种中介，写作是一个平台，写能把读书与思考、读书与实践、读书与写作结合起来，相得益彰。写又是记录读书和研究成果的最好方式。有人曾问一位特级教师："您为什么在那么忙的情况下还能做到教学科研两不误，不但书教得好，而且发表那么多论文，获得那么多科研成果？"他说："我受益于多读、多思、多做、多写。读是积累，思是加工，做是实践，写是总结。是读、思、做、写相得益彰，助了我一臂之力。"看来，把学习、工作、研究、写作结合起来，这是一个人快速成长的最佳途径。所以，教师应拿起笔来写东西。

起草撰写教学模式就是用文字将教学环节做归纳概括。一般来说，一个教师要总结自己的教学模式应从以下几个方面入手：

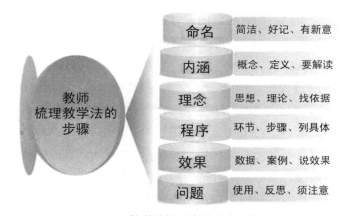

教学法梳理表述内容（框架）

1. 命名（给教学法起个好名字：简练、新颖、概括）

给教学模式起个名字。过去有的老师教了几十年学，已经形成了自己的教学模式，但因为没有名字所以推广不出去。总结自己的教学法首先要有个名字，名正才能言顺。名字不要太复杂，复杂了不容易记住，不便于推广；也不能太简单，太简单指向性不明确，不知道这种教学法的使用范围。

教学法的名字要简洁好记，要有新意，能反映教学法的实质和特点。如河南省西峡县杨文普等人创立的"三疑三探"教学法，名字就响亮，让人一听就能知道教学的大致环节，有新意，不与别人雷同。再如山东省高青县教育局推广的"五步导学法"，也很简洁，从名字上就能看出这种教学法的特点：课堂教学的环节分为五步，课堂教学强调对学生的引导而不是灌输。

2. 内涵（教学法概念解读）

教学模式有了名字还要下个定义，这就如同一件商品，不但要让人知道叫什么，还要具体说明是什么。下定义就是界定这种教学法的内涵和外延。如辽宁调兵山市的"问题引导教学法"是指：在课堂教学中，教师依据课标和教材，精心设计问题，以问题激发学生的学习兴趣，以问题引导学生自主学习与合作探究，从而达成教学目标、提高教学效率的方法；又如"任务驱动法"是指：在教学过程中，以完成一个个具体真实的任务为线索，把教学目标隐含在每个任务之中，引导学生去发现、去思考、去解决问题，在完成任务的同时培养学生的创新意识、创新能力和自主学习能力的教学方法。

3. 理念（理论依据或指导思想等问题的提出等）

教学法不能是无本之木，它提出的根据是什么？借鉴了什么？总要有依据，理论层面如教育学、心理学、建构理论、多元智力理论等。如天津市第二南开中学蔡培浩的"语文古典诗歌四步教学法"的理论依据：①建构主义学习理论；②系统科学的整体原则。实践层面则可借鉴名师、特级教师的研究和这些年课改先进学校教师经验实践。如研究情境教学，可以从李吉林的研究实践找依据；洋思中学和杜郎口中学等学校的先进思想中找依据，再结合自己在日常教学中的点滴收获和心得加以完善。

阐述教学模式的依据和创新价值。一种教学模式的提出要有依据，这种依据可能是历史的，可能是现实的，可能是理论的，或者几个方面都有。历史的依据是说明该教学模式的提出不是无中生有，而是对历史的继承和发展；理论的依据是说明该教学模式的提出有扎实的理论基础，不是无本之木；现实的依据是说明该教学模式的提出有现实的必要性，能解决现实教学中的问题。在阐述自己教学法的时候要说明比前人和别人创新了什么，创新性是一种教学模式存在的价值。

4. 程序（具体操作的方法策略，简约不简单）

对一种教学法，大家更关注的是怎样操作。即这个教学法分几个环节，每个环节分几个步骤，实施策略是什么。教学环节表述要简洁明了，字数和表述方法一致，给人感觉整齐和规范，操作程序的表述要具体。

说明教学模式的环节和操作程序。有的称为几段几环，即把一堂课先分为几个阶段，每一阶段又分为几个环节；有的分为几环几步，即把一堂课先分为几个环节，每个环节再分为几个具体的步骤。也有的只分为几个环节或几个步骤。实际上这进入了模式阶段。

5. 效果（这种模式运用的效果）

衡量教学法好与坏要看效果，教学法不管怎样规范先进，但效果不好，便不是成功的教学法，因此，证实教学法的效果，介绍教学模式的实验或实践效果就显得尤为重要。有些规范的教学模式要通过对比实验，如果是对比实验，就要说明实验的对象、时间、实验班和对比班的具体情况以及对比的内容和考核的方法，还要说明实验中的控制因素和各种变量。如果没有严格的对比实验也要用数据和案例说明在实践中的效果。

6. 问题（使用这种模式应注意的问题）

黄丽娇老师在使用这个部分的时候是这样写的：我的教学法虽说是一种较好的文言文教学方式，但并不是说就可以将教学限制在这个框框中，不然就变成了死的模式，毫无意义可言。因此，应注意以下几点：

（1）注意授课班级的类型。因为学生的程度参差不齐，在设计提问和引导方面要注意方式及难易程度。

（2）注意所授课文的难易。有些文言文对于教师来说都是比较难于理解的，在这种情况下，就要注意授课的模式，应适当调整教师和学生的分工。

（3）注意所授课的类型。新授课与复习课、一课时与二课时，都应注意模式的调整。

这时，教师应着重做好三件事：

第一，回顾反思过去的做法。这里的思考首先指对自己的思考，即把自己当作研究对象，揣摩、琢磨、体验、品味自己已经和教育水乳交融的日常生活。同时，思考也包括关注、研究、咀嚼、审视别人的教育实践、教育思想。如果这种思考带有对自己进行检讨、解剖的意味，它便成了我所理解的反思，而这种反思的习惯和能力正是任何一个教师走向成功必不可少的精神素养和职业品质。

第二，学习、借鉴典型的教学模式。

第三，请教修改。可以把写出的教学模式初稿拿给教研员看，向他们请教，也可以向学校领导和同事请教。

（四）练模式（将模式回到课堂实践历练与修改）

教学模式写出来以后，还不能说大功告成，要将模式回到课堂实践历练与修改，经受实践的检验。成熟而有质量的教学方法和模式一定要经历一个反反复复的历练过程。而写出"模式"不是目的，提升"模式"，让"模式"相对稳定成熟，最终能提高课堂教学的有效性，这才是目的。

六、追求一种教学风格

教学个性——特色教师——名师。越是民族的越是世界的，越是个性的越是大众的。平庸和卓越教师重要区别为是否形成教学个性。天生我材必有用，这个"有用"是在寻找自己的独一无二，即属于自己区别于别人的个性的东西。你发现了你的个性，你就找到了自己；你找到了你自己，你就找到了成功。

（一）追求教学风格的目的

1. 让已经具有成熟教学风格的教师把教学风格梳理出来，让成功的教学风格和经验传播出去。一方面让优秀骨干教师能形成自己的品牌，另一方面让优秀骨干教师的教学经验去引领更多的教师。

2. 让有教学风格，但还不十分成熟的教师把自己的困惑摆出来，把看懂的东西做出来，通过研究梳理提升，促进教学风格的早日成熟。

3. 让还没有教学风格的教师，树立教学风格意识，不是消极等待风格的自然形成，而是有目标、有计划地去创建追求，因为教学风格是可以模仿创建的。把别人的智慧借过来，结合自己的实际，边教学边研究，这不仅会使自己的教学风格跨越式发展，也会促进自己的专业快速成长。

4. 让教师教学更有趣。教学风格是一种艺术，教师走进其艺术殿堂会着迷。因为把有意义的工作和有趣的生活结合起来，这是一种生存的艺术。将个人兴趣和自己的工作结合在一起，把所有有意义的事情变得有意思，把所有有意思的事情变得有意义，教师的教学就不会显得辛苦和单调。兴趣会使教师全身心都充满活力。

（二）什么是教学风格

教学风格是指教学活动的特色，是教师的教育思想、个性特点、教育技巧在教育过程中独特的、和谐的结合和经常性的表现。教学风格的形成是一个教师在教学艺术上趋于成熟的标志。教学风格与教学法是教师教学能力两个重要组成部分，犹如鸟之两翼，车之双轮。风格是灵魂，表现在教师各种教学法中；教学法是操作部分，不同的教学内容有不同教学法。如语文识字课、阅读课、作文课。

（三）成熟教学风格的标志

1. 有思想

不仅知道做什么，而且知道为什么做。有主见，有活力，沉着冷静，热力四射，要做一个"实践着的思考者"和"思考着的实践者"。于永正的"五重教学法"、钱梦龙的"三主四式导读法"，就极具代表性。

2. 有成效

把思想变成行动，把行动变成成果！不仅要想做事，而且要做成事。在你的课堂教学、班级管理、教育科研及主管工作等领域，拿出有说服力的实践成果和理论成果。

3. 有影响

做出成绩，告诉大家！要善于运用博客、播客、著作、论文、课题、会议、活动等媒介和途径，传播推广个人形象，优化拓展生存和发展的社会性空间。

著名作家孙犁说："创造一种风格，是在艺术的园林里栽培一株新树。"创造一种教学风格，也是在教学艺术的园地里栽培一株新树。在探索当中，要设法找到突破点：体现个性特点的教材组织处理；体现个性特点的课堂组织形式；体现个性特点的教学语言；体现自身素质的教学基本功、才艺和绝活；体现自身特点的教学风格；体现个人的人格魅力特点等。如当代小学语文名师的教学风格就各有千秋。

（四）教学风格形成过程

在一般情况下，教学风格形成需要三个阶段。

1. 模仿阶段

模仿阶段就是要学习观察、博采众长，为形成自己的教学风格夯实基础。

2. 创造阶段

模拟达到熟练的程度之后，经过自己的思考和探索，就可按自己的教学思路、授课表达方式进行教学，进入形成某些教学特色的提高阶段。

3. 成熟阶段

将一些个性化的教学特色有机地结合起来，并且在教学实践中逐渐稳定下来，使之成为一种在一贯的教学活动中表现出来的式样格调，这就是教学风格形成的标志。

（五）教学风格主要类型

教学风格应是多种多样的，不同的教师有着不同的教学风格，有的教师喜欢旁敲侧击不断启发；有的教师喜欢开门见山拨云见日；有的教师在课堂上一言九鼎，如同知识的化身让学生默然叹服；有的教师是和风细雨，如同朋友般与孩子们融为一体；有的老师的课堂朴实无华，能将复杂的问题简单化；有的老师的课堂巧妙设计，引导学生对简单的问题进行深入地思考等。有风格的教师教学总能给学生带来一种艺术享受。

下面介绍几种教师的类型。

1. 理智型

教师讲课深入浅出，条理清楚，层层剖析，环环相扣，论证严密，结构严谨，用思维的逻辑力量吸引学生的注意力，用理智控制课堂教学进程。学生不仅能学到知识，也受到思维训练，还受到教师严谨治学态度的熏陶和感染。

2. 情感型

教师讲课情绪饱满，充满激情。讲到动情之处，往往是情绪高涨、慷慨激昂、震撼人心，引起学生强烈的情感共鸣。学生所获得的不仅仅是知识的训练价值，还包括人格、情感的陶冶价值。

3. 幽默型

教师讲课生动形象，机智诙谐，妙语连珠，动人心弦。生动的比喻，开启学生智慧之门；恰当的幽默，给人以回味和留恋；哲人警句、人生箴言不时穿插其中，给人以思考和警醒。学生心情舒畅，获得一种心智训练。

4. 技巧型

教师讲课时各种教学方法、技巧信手拈来，运用自如，恰到好处，丝毫不带雕琢痕迹。课堂教学环节过渡自然，搭配合理，有条不紊。无论是讲解和分析，还是提问和练习，都能照顾到学生的心理特点和接受能力，体现出教师对知识重点难点的准确把握。

5. 自然型

教师讲课亲切自然，朴实无华，没有矫揉造作，也不刻意渲染，而是娓娓道来，师生之间是在一种平等、协作、和谐的气氛下，进行默默地情感交流，将对知识的渴求和探索融于简朴、真实的教学情境之中，学生在静静地思考、默默地首肯中获得知识。教师讲课虽然声音不高，但神情自若，情真意切，犹如春雨渗入学生的心田，润物细无声，它虽没有江海波澜的壮阔，却不乏山涧流水之清新，给人一种心旷神怡、恬静安宁的感受。

（六）常见教学风格的创建方法

在教师教学风格的形成过程中和最后表现形态上，总是或多或少带有他人影响的痕迹。自觉地学习和借鉴他人的教学风格，是教师形成个人教学风格过程中所不可缺少的环节。

1. 拜师学艺法与自我研习法

拜师学艺法，是指教师自觉主动地向自己所景仰的教学风格的创造者请教学习，以使自己的教学也体现出这种风格特色的方法；自我研习法，是指教师因受条件限制不能直接拜师学艺，而采取的以某种教学风格为蓝本，自觉采用其指导思想和技巧形式，以使自己的教学也体现出这种风格特色的方法。

2. 作品分析法与模仿感受法

作品分析法，是指教师通过分析一定的教学艺术作品，从而达到认识和掌握其中蕴含的教学风格的一种方法；模仿感受法，是指教师模仿他人的教学活动而亲身感受、验证其风格特点及其相应要求，从而达到学习并掌握某种教学风格的一种方法。

3. 部分移植法与兼容并蓄法

部分移植法，是指教师通过精心选择而后将他人教学风格中成功的教学特色部分地移植到自己的教学中来，从而使自己的教学也带有这种特色的方法；兼容并蓄法，是指教师对他人教学风格之长广采博收，利用综合优势使自己的教学获得整体最佳特色的一种方法。

4. 优势培育法与弱点逆转法

优势培育法，是指教师通过在教学中充分发挥优势，从而形成个人独特鲜明的教学风格的一种方法；弱点逆转法，是指教师通过在教学中对其自身弱点的巧妙逆用和转化，从而使个人教学形成独特鲜明的教学风格的一种方法。

5. 选择突破法与综合建构法

选择突破法，是指教师在教学中注意结合个人特长或教学需求选择突破口重点攻关，从而以点带面达到建立教学风格之目的的一种方法；综合建构法，是指教师从教学整体着眼，通过综合变革、优化结构，而达到全面形成教学风格之目的的一种方法。

6. 实践升华法与理论渗透法

实践升华法，是指教师对教学中不断积累的丰富的教学经验进行总结归纳、抽象升华、取其典型特征组成个人教学风格的一种方法；理论渗透法，是指教师在教学中自觉地以先进的教学理论或教学思想为指导，通过多方渗透，在各个教学环节都表现出明显的教学特点，从而最终形成个人独特而鲜明的教学风格的一种方法。

第三章
教师"五种教学思想"梳理研修策划

生活中有两种教师,当用第一种方法教学生,有一部分学生不会,这时该怎么办呢?

一种老师:从不怀疑这些学生学不会,因此他会用第二种、第三种……甚至是第十种、第二十种方法去尝试,故在尝试中教学水平逐渐提高。

另一种老师:开始怀疑这些学生能否学得会,所以他不会用第二种,更不会用第二十种方法去尝试,因此他的教学水平永远停留在第一次的教学水平上。

由上述两种老师的做法看,教师教学的根本差异是观念。教学思想是一种教学生产力。教师教学思想能走多远,决定了他的课能走多远。思想新,方法才新;思想落后,方法必然落后。观念决定思路,思路决定出路。观念不变,教师就不会变;教师不变,课堂就不会变。

 案例分享

教学主张是这样炼成的
福州教育学院附属第一小学教师　林珊

教学主张是名师成熟的"个人理论"。我从语文学科内核、教学要素以及个人教学风格入手,将自己原有的较为零散的实践经验、教学思考、教学研究进行整合,确定了"语文教学:求真,崇善,唯美"的教学主张,并从哲学、教育

学、文化、学科、课程等角度寻找其理论基础。接着，紧扣关键词"真""善""美"对教学主张进行个性化、学科化的深度诠释：语文教学应当面向人本身——人的感性、人的生命与生活，以科学的求真精神为基础，以向善的人文情怀为方向，"按照美的规律来建造"学生的语文素养与真善美的人格素养，为学生获得幸福人生奠定基础。"真""善""美"，既是语文教学的终极目标，也是课堂教学的审美标准。在提炼教学主张的过程中，必须阅读大量理论书籍，必须反观自己原有的教学思想与教学行为，必须与导师有许多思想上的交流。随着教学主张从模糊到清晰，我第一次感到"名师"一词的厚重。

如何进一步使之结构化、体系化，需要将自己的教学主张在每一次教学活动中进行求证与完善，构建一套有逻辑的操作体系。在实践层面不断地"破"与"立"中，我从认识论、解释论、主体论、课程论、教学论五个维度初步构建了语文教学"求真、崇善、唯美"的体系，总结了基本的操作步骤。"求真"，首先，追求文本的客观性、真实性，是认识向度；其次，追求真语文，从语文课程性质出发，从文本及其教学中学到语文，学到知识，学到技能；最后，关注学生的真情实感与学生的真实表现。"崇善"，首先，挖掘文本的教育性、道德性，是价值向度，追求善语文，教人为善，让学生从文本中、从课堂教学中感悟做人的道理；其次，尊重学生的个性，重视学生的快乐幸福。"唯美"，首先，挖掘文本的审美性、文学性、形象性、独特性，是审美向度，关注遣词造句的精巧、表达的艺术；其次，引领学生发现美、欣赏美，引发学生对美的深度探究。

我深切地感受到，提炼、形成教学主张的过程，是原有经验从零散走向系统、从肤浅走向深刻、从科学走向艺术的过程，是名师形成鲜明教学风格的过程。更重要的是，教学主张的系统构建来源于原有经验，又反过来反哺未来的教学实践，并得以不断科学化、体系化。

 问题分析

思想能走多远，课才能走多远

林珊老师怎样实现从普通教师向福建省中小学名师跨越的呢？这其中固然有很多因素，但是在教学实践中注重梳理自己的教学主张，即教学思想是其中一个最重要的因素。

一、教师为什么要注重梳理教学思想

上面的案例分享启示我们，教学思想是教师教学个性最集中的表现。它源于教育经验，生于教育过程，长于科学理论的引导。有没有明确的教学主张和思想，是衡量一位教师是否成熟的重要标志。

教师专业成长的路有千万条，但做教学经验和思想的梳理是条最近的路。如果说，教师专业成长可以走捷径的话，这就是最好的捷径。追溯魏书生、李镇西、窦桂梅、吴正宪等名师的成长历程，我们不难发现一个基本事实：大凡卓有成就的骨干教师与名师的成长，除了痴迷读书，还重于经验梳理与专业写作。

李吉林说："写作就是研究。没有写作，研究成果往往会呈现碎片化、思绪化、即时性等特征或状态，写作是对这些研究成果的归纳、整理和提升，也可以说是对平时研究的'二次研究'。"窦桂梅说："有一个很好的办法，那就是用笔静静记录下自己，并在写作过程中发现崭新的自我。"每种力量、每个领域都在为自己找到存在的理由，每个人也都需要自我引导，自觉创造课堂生活的价值和意义。

◆用梳理来唤起自己的教学智慧

梳理是抓手。梳理是学习成长的载体和媒介。因为要写，所以要读；因为要写，所以要去做；因为要写，所以要思考。写作是推动读、做、思的最有效的方法，是教师行为研究的最好依托，它会使原有的教学经验从零散走向系统、从肤浅走向深刻、从常规走向科学、从科学走向艺术。

梳理促反思。教师们"两眼一睁，忙到熄灯"的状态，到底值不值？教师普遍重实践，轻思考。梳理表述研究成果不是简单写文章，而是将教育实践从感性上升到理性认识；梳理表述的过程就是认识规律的过程，就是变盲干苦干为巧干的过程。教是基础，写是反思、总结和提升，教与写是理想的教学研究途径。

梳理创品牌。为什么许多名师不知名？原因是缺乏总结，缺乏影响力，没有个性，没形成品牌。有影响力的名师是想法、做法、说法并进，将隐性成果转化为显性成果，从而更好地推广和应用。

梳理能激励。俗话说，失败是成功之母，其实成功更是成功之母。努力和奋斗的动力来源于对荣誉和成功的渴望。隐性成果显性化，教师有成功机会。成功是最能激发和强化教师努力和奋斗的动力。

越是难走的路也许恰恰是最近的路。聪明的教师如果坚持不懈地去边工作、边学习、边研究、边梳理。一旦你做到五会：会上课、会梳理、会交流、会传播、会引领，那么你想不成为名师都很难。

二、什么是教师"五种教学思想"梳理研修

目前影响教师课堂教学效果和效率的教学观念有很多，但我们觉得最直接、最要紧的是发展观（教育观）、教材观、学生观、教学观（课堂观）和教师观这五种教学观念和思想。思想是课堂教学的风骨，我们设想如果教师在这五种教学观念和思想上做梳理和转变，那么教师的课堂教学效果和效率将会得到大大的提高。

教师借助《教师教学思想"五种观念"梳理纲要》在学校组织和专家指导下，边工作、边学习、边研究、边总结，用梳理的方法唤醒教学智慧，梳理教学思想、建构教学法，形成教学风格。最终将突破自己，超越自己，让自己的教学经验和思想从零散走向系统、从肤浅走向深刻、从常规走向科学、从科学走向艺术，让备课、上课少走弯路，让教学专业能力快速提升。

梳理和转变有着不同层次的作用。梳理是教师对过去的自己零散的、肤浅的、混沌不清的教学经验和思想做理性梳理思考，达到从感性到理性的认识飞跃。转变则是在梳理教学经验和思想时，对自己过去落后的、陈旧的、错误的教学思想做改变和提升。当然二者又是相辅相成的。

聚焦课程梳理的主要问题：

1. 你想过吗，影响你课堂教学效果的因素，除了学习课标、钻研教材、研究教法，还有更为重要的一点可能被忽略，那是什么？

2. 课堂教学成长出现了高原现象，有时甚至越教越不知道怎么教了，突破不了瓶颈，原因在哪儿？怎样突破这种瓶颈呢？

3. 专家说，教学思想是一种教学生产力，思想新，方法才新；思想落后，方法必然落后。可有些教师不知道什么是教学思想，更不知道从哪些方面梳理自己的教学思想，从哪些方面提升自己的教学观念，这该怎么办？

4. 你想过备课还需要备教学思想吗？

三、"五种教学思想观念""三环六步"体验式研修方案

怎样提高教师培训的实效性？目前比较普遍的是采取"专家讲座"和"学校校本研修"两种形式。虽然取得一些效果，但很有限。一方面，专家讲座犹如倾盆大雨，当时听得很热闹，但是有些内容很难落实到实践中去。甚至有的讲座

脱离学校和教师实际，劳民伤财。另一方面，学校开展的校本研修因为缺乏培训院校的专业指导，其研修效果层次较低、不尽如人意。那么，如何将二者有机结合呢？另外，已经提出多年的教师专业成长要发挥"专家引领、自主研修、同伴互助"三者作用。可是这三者又该怎样组合，如何发挥作用呢？

（一）什么是"三环六步"体验式研修

什么是三环：

第一环：专业引领：培训院校，专家报告。

第二环：自主研修：以校本为主，借助"课程纲要"，教师自主研修与小组交流。

第三环：集体碰撞：培训院校与校本结合，大会集体交流，智慧碰撞。

什么是六步：

第一步：专家讲座，头脑风暴。

第二步：校本分组，明确任务。

第三步：自主研修，小组准备。

第四步：大会展示，智慧碰撞。

第五步：梳理提升，撰写报告。

第六步：课程评价，考核奖励。

（二）"三环六步"体验式研修的实施

考虑教师有过一定的教学实践，教学思想并不是零起点，他们对教学工作已经有一定的思考。不过这些思考可能是零散的、肤浅的、混沌不清的，所以梳理的课程重在给教师一定的专业引领和碰撞，从而唤醒教学思考和智慧，让教师把原有教学经验从零散走向系统、从肤浅走向深刻、从常规走向科学、从科学走向艺术。

基于这种思考，课程采取专家专业引领下的教师参与、体验、合作式培训方式。为了指导、引领和帮助教师有效进行教学思想"五种观念"的梳理，特编写如下"梳理指导纲要"。在梳理的时候，先由五个小组分别进行，而后进行大会梳理交流。

具体做法，分四个步骤：

1. 头脑预热与明确任务

（1）梳理教学思想重要性微报告（30分钟）。

（2）教师梳理教学思想分组（选出组长，分配任务）。

（3）梳理分为五个主题，哪个小组专题梳理什么内容，以抽签形式确定。

（4）小组确定后，组内还要做一次侧重点的梳理分工。每个人必须明确自己梳理教学思想的任务、流程和评价。

2. 自主研修，做交流展示准备

为了解决工学（工作与学习）矛盾和每次培训对象和人数规模的实际情况，时间可以灵活安排，根据需要可长可短。

这个环节是教师教学思想梳理黄金时间，教师要在《教师教学思想"五观"梳理纲要》的学习指导下，通过个人梳理、反思、提炼的准备，使教学思想有较大的提升、突破和转变。

（1）充分的自主研修，以自己承担任务为主，同时也要研究熟悉本组的其他内容。因为基本专题是一致的，不过侧重点不同。

（2）小组交流展示准备。在个人准备基础上，小组要集中交流，组长负责把大会交流展示的内容、主题、流程、形式、主持人等做演练。

3. 大会展示，理念与智慧碰撞（半天）

（1）交流展示顺序：发展观组、教材观组、学生观组、教学观组、教师观组。

（2）小组交流展示流程顺畅，环环相扣，生动活泼，主持人做好衔接过渡，时间不超40分钟（包括答疑）。

（3）交流展示要求观点鲜明，内容生动具体。除讲观点外，能结合学科教学实际的，一定要结合学科教学实际。能举生动案例的一定要举生动案例，尽量避免干巴巴地空讲理论。

（4）交流展示不仅是展示教学思想，还展示教师得体的教学基本功和才艺，即你用什么样的方法形式展示得更精彩和深刻。不能照稿读（如文字、课件、图片等），起码要半脱稿。

（5）展示中有答疑，即你交流展示后，在场所有老师有权向你提出任何一个问题，可以由主讲人重点答疑，小组其他成员补充。

（6）专家做点评与活动总结。

4. 教师撰写教学思想梳理报告（集中培训以后两天之内）

（1）作为考核验收评价教师梳理成果主要依据，不能漏掉任何人。

（2）以自己直接参与梳理的教学观为重点范畴，以其中自己感受最深的部分为重点内容，其他可以略写，提倡观点加上自己的教学例子。

（3）思想梳理报告的文字保证自己的语言占70%，文字1000～1500字。如果在电脑上搜索，发现超过30%抄袭即作废。

（4）提倡边研修边总结梳理，培训结束即能交教学思想梳理报告。

5. 研修评价

（1）学校和培训院校组成评委小组，给各组打分。

（2）既然培训是一种奖励，那么本次研训活动，将根据表现给各小组排出名次，并给予不同的奖励。建议为每组、每个教师按等次奖励。

（3）问题即课题，工作即研究，成长即成果。一轮培训后，教师的专业能力和课堂教学能力会有明显提高。

（4）教师梳理的教学主张（教学思想）、建构的教学法、提炼形成的教学风格可以汇集成书和做经验交流。

 研修策划

怎样梳理表述自己的教学思想

一、五种教学思想观念的梳理与碰撞

水尝无华，相荡乃成涟漪；石本无火，相击而发灵光。教师梳理教学思想，应围绕"五种教学思想观念"提供一些核心观点和案例资料。

（一）教师应梳理的"教育观"

◆坚持三维目标整合渗透，而不是只关注知识技能目标。三维目标可以因教材内容不同而比重不同，但三维目标就像房子装修的承重墙，其地位是不可动摇的。三者相生相伴，互为发展前提，是在同一学习过程中完成的。教学设计不能为关注一个目标，而损伤另一个目标的实现。一节好课，就是有利于发展学生核心素养的课。

◆教学有三种境界

第一种境界：教知识（讲解传授，使学生接受知识）。题海战，反复训练，

不管什么题目，先让学生做几遍，混个脸熟。

第二种境界：教知识与方法（讨论互动，让学生探求）。这样的老师就比较高明了，不是就题讲题，而是通过题目讲方法，所谓"授人以鱼，不如授人以渔"，可是这还不是最高的境界。

第三种境界：教知识、心态与思维（点拨引领，激发学习的欲望）。教状态、心态，反映出来的就是学生的精神面貌。体现三维目标"平庸的教师只是叙述，较好的教师是讲解，优秀的教师是示范，伟大的教师是启发"。

◆教育不是把桶灌满，而是把火点燃。真正的教育，是生命影响生命的过程。

◆特级教师王栋生说：教师给学生的心灵世界种下一粒什么样的精神种子，学生就会有什么样的未来。

◆苏霍姆林斯基说："教育，这首先是人学。"

◆特级教师张思明说："作为数学教师，我觉得好的教学成果并不一定是课堂上直接教给学生的知识、公式、定理、算法本身，而常常体现在学生经过遗忘后所剩的那些东西上。在这些'沉淀'物中更多的将是：怎样提出问题、怎样发现问题、怎样做学问、怎样面对困难和挑战、怎样利用信息、怎样寻求帮助……我不企盼每个学生都成为数学家，但若能通过我的教学使学生们有一种在生活、工作、学习中应用数学去思考的观念和习惯，通过我教他们在课内外创设的'微科研'环境，使他们得以培养一种勤奋求实、不断创新进取的精神，他们自身和我们的国家将受益无穷。"

◆皮亚杰说："教育的首要目的在造就有所创新、有所发展和发现的人，而不是简单重复前人做过的事情。"

（二）教师应梳理的"教材观"

1. 教材乃教学材料，与教学内容有着不同的界定。教师不应将教材内容原封不动地塞给学生，而是先要分析教材、理解教材、把握教材，然后再选择恰当的方法，传授给学生。经过教师分析、理解和把握的教材，已经饱含了教师自身许多知识和情感的因素，自然比原来的丰满了许多，所以这时的"教材"才能真正成为"教学内容"。

2. 正确理解教材功能，克服对教材唯一性和神圣化的传统认识。应做到，对教材既尊重，又敢于大胆地创造性使用，使之离学生更近，作用发挥得更好。

3. 国家课程只是标准，注重的是普适性。很难考虑到学校、学生的个别差异，满足多样化的需要。国家课程校本化，是学校和教师通过选择、改编、整合、补充、拓展等方式，对国家课程和地方课程进行再加工、再创造，让国家教材校本化、多样化，使之更符合学生、学校的特点和需要。

4. 尽可能将知识问题化。教师应将那些课内以及课外的需要学生掌握的知识点，在备课时，通过理解、挖掘、重组、生成，转变为探索性的问题点、能力点。尤其要关注主问题的设计，抓准核心词。善于抓住教材中主要内容的奇巧之处来提出疑问，以便让学生质疑争论。

5. 创造性使用教材不是淡化教材。引入要适时、适当、适量。

（三）教师应梳理的"学生观"

1. 教师应充分认识学生巨大的发展潜能，而忽视学生天赋；教师还应充分肯定学习能力是一种生命的伟大力量。如果教师在课堂上施以过度的教育约束，反而会减弱这种天然的学习能力。教师应相信每个孩子都有成功的愿望，相信每个孩子都有成功的潜能，相信每个孩子都可以取得多方面的成功。

2. 教师要有静待花开的心理，切忌急于求成。一旦学不会、学不好，教师切记不可抱怨学生，应尽可能从自身教法上找原因。

3. 不要用一把尺子衡量学生。绿叶如云，寻不见完全相同的一双叶片。没有一种教学方法是适合所有学生的（研究相异构想）。

4. 你了解学生有多少，你的教学成功便有多少。教师要读懂学生：读懂学生的特点、读懂学生的基础、读懂学生的需要、读懂学生的思路、读懂学生的情感、读懂学生的错误……（课堂前测）

5. 树立民主、尊重、信任、平等、安全的学生观。"大海航行靠舵手，学生必须按照我的意愿走"那个时代已经过去了。把学生视为天使，教师就生活在天堂；把学生视为魔鬼，教师就生活在地狱。教师要以"蹲下身子"的姿态对待学生，少一点责备，多一些理解；少一点批评，多一些鼓励。

（四）教师应梳理的"教学观"

1. 教师课堂教学需克服两种现象：一种是认为教学方法的优化纯粹是教师的事情，于是绞尽脑汁思考"教"的招数，脑子里盘旋的是怎样把学生"讲"懂"教"会；另一种是知道"教学就是教学生学"，于是不顾及学生的知识水平和接受能力，一味强调自学，采取"放羊式"教学，以为这就是"教学生学"。

相比较而言，前者发生率更高一些。

教师应坚信好课需要好的教学设计和实施。教师要永远关注学生是否学会了，而不是自己有没有教到。让学生与情境（任务、真实问题）持续互动，解决问题的过程就是建构新知识、新认识、创生新意义的过程。发展核心素养的学习具有综合性、群体性特征，学生的理解和应用是交叉进行的，在理解中应用，才能在应用中理解、建构新的认识，形成新的思路。因此，重要的是学生要有经历和体悟，没有任何人能够替代他们。

2. 体验比记忆更重要。教师在教学中应尽可能让学生了解自己"经历了什么""感受了什么""体会了什么"。

3. 教师应给学生自主合作的机会。做到五个"能让"和"要让"：能让学生观察的，要让学生自己观察；能让学生表述的，要让学生自己表述；能让学生动手的，要让学生自己动手；能让学生思考的，要让学生自己思考；能让学生得出结论的，要让学生自己得出结论。

4. 教学设计中需要考虑的五个问题：①教学目标。②情境素材。将学习内容和真实生活关联起来，能造成认知冲突，挑战学生的认识程度。凡是针对学生认知障碍、需要理清认知思路的素材都是好的素材。③驱动任务。教师要能够设计出有价值的学习任务——为什么？怎么办？思路性、关系性的任务是好的任务。④学习活动。思考、研讨、探究、概括、分析、解释、预测、设计、评价、建构模型等，凡是有利于学生主动、深度参与课堂的活动都是好的学习活动。⑤教师行为。连续追问、证据反驳、思路外显、教练指导、搭设支架、引导启发、对认识方式评价、模型化……这些行为有利于学生深度参与学习，有利于兼顾学生的个性差异和发展需求，是好的教师行为。

5. 处理好教学"活""趣""实"三者的关系。在日常教学中，"活"和"趣"是十分重要的，教师讲课多少要带点灵气和机智。否则，直来直去，是教不好的。但什么都要讲究个度，如果课堂变得玄天二地、海阔天空，学生"活"是"活"了，可成绩未必好。课还是要上得"实"一些为好。因此，"实"是根本，没有"实"，"活"和"趣"也只是无源之水、无本之木。

（五）教师应梳理的"教师观"

1. 教学本是一个有目标、有计划的活动，教师在课前对教学任务要有一个清晰、理性的思考与安排。在课改面前，教师与教学设计依然是十分重要的。没有备课时的全面考虑与周密设计，哪有课堂上的有效引导与动态生成；没有上课前的胸有成竹，哪有课堂中的游刃有余。

2. 学生是学习的主体，教师是学习的组织者、引导者与合作者。教学设计不是教师讲得怎样精彩，而是通过教师怎样精心策划，学生才能主动积极地学得精彩，做到"教不越位，学要到位"。"弱"化自己的强势，强化学生的表现。

教师"教不越位"做到"五不教"：①学生自己能看懂的，不教；②学生自己能学会的，不教；③学生自己能探索出的结论，不教；④学生自己能做的，不教；⑤学生自己能说的，不教。

学生"学要到位"五个优化：①优化"看"的过程，观察到位；②优化"做"的过程，操作到位；③优化"听"与"说"的过程，表达到位；④优化"想"的过程，思考到位；⑤优化"练"的过程，训练到位。多种感官参与学生活动，学生各个感官都到位了，当然他学的知识就会深、学得就会透。

3. 自主而不自流，放手不是放任，互动不是浮动。教师课堂重在"导"。目标引领——直奔主题、重点，少走弯路。教师心里有数，学生心中有灯；铺垫创境——减少坡度，激发情智；启发诱导——引向深度广度，把握方向；推波助澜——在学生求"知"不得的时候，教师的讲授还是必不可少的；方法指导——学习目的、学习方法的指导；激励评价——随时给学生以鼓励；组织管理——必要的严格要求，严加督促。

4. 我们经常让学生做主体，其实这句话真正做到实在不容易。让学生做主体，首先要让学生会做主体，一个不会思、不会学，总是习惯于让教师牵着走的学生，即使给他时间，给他机会，他也做不了学习的主人，成不了主体。教师如何解决：帮—扶—放。

5. 教师指导学生"学会学习"的指导者，这是教师的又一角色定位。其实指导学生才是教师该干的活儿。教师除了要教给学生知识、技能，还应教给学生独立获取知识的方法和能力。教会学生学习，使他们能够不断地获取新知识，使他们离开了老师，离开了课堂还能自主地学习、成长，满足自身的发展需要。

6. 教、学、管三位一体，互为作用。为什么有的班级教师教也教了，学生学也学了，可是效果并不是很好？这里除了有教学方法的问题，不能不说与教学管理方法有关。"三分教，七分管"，成绩是教出来的、学出来的，同时也是管出来的。管理是一种激励、强化、约束和历练。洋思中学、杜郎口中学、东卢中学这些课改名校取得成功的一个重要秘诀是教、学、管一起抓，即改变了教师

"满堂灌"的低效做法，坚持少讲、多学、重练和强化教学过程的严格管理。

二、教师教学思想积淀

教师要想有自己的教学思想，首先要有积淀，没有积淀就谈不上梳理。积淀的方法有很多，以下列举几种。

1. 向书本学习

阅读国内外有关专业期刊、学术专著，并进行摘录、整理；在理论学习方面，应注意根据所要解决的问题查找资料，有选择地学，学一点，用一点，渐进蚕食，一点一滴地消化吸收，点滴积累，积少成多。

2. 向实践学习

契诃夫说："人要有三个头脑，天生一个头脑，从书中得来一个头脑，从生活中得来一个头脑。"读书→思考→实践→写作，这是学习的四步曲。把读书与思考、读书与实践、读书与写作结合起来，相得益彰。由于带着问题去学习，搞清了一个问题，解决了一个难题，于是也就拓展了一部分知识，开辟了一个领域，创造出新的成果。写文章既是研究成果的积累和展现，又是学习和运用教育理论的最好方法。

3. 向专家学习

教师可以通过参加学术会议、听观摩课、听学术报告、听教学经验介绍等方式来进行学习。因为一线学校的日常工作比较繁重，所以无论是校长还是教师，读书的时间都可能会相对少一些，外出学习机会也不太多。但恰恰相反，专家在这方面却很有优势。那些从一线教师打拼出来的专家，会更胜一般教师一筹。所以，一场好的专家报告可能会让教师有"听君一席话，胜读十年书"之感。这对教师转变观念，树立正确的教育思想是有相当多的好处的。教师在参加教研活动的过程中，能够做记录的一定要做记录，能录音、录像就更好了，会议交流发放的各种材料应及时收集起来，要做一个有心人。

4. 在反思中学习

在日常工作中，一边工作，一边思考，一边总结，是教师积淀教育思想的好方法。

三、怎样撰写教学思想梳理文稿

作为教师有了自己对教学的独特思考，乃至形成了一些教学思想和教学主张，如果不能梳理和加以表述，那还是憋在你的脑子里，是隐性的，既无法交流，也无法展示。只有把自己的一些思考和研究表述出来，才能把教学思想的隐性成果显性化。这就需要去撰写表述教学思想梳理文稿。

（一）撰写表述的原则

1. 说自己独特见解

用自己的语言说自己的思考，而不是人云亦云。要感动别人，先感动自己，要把自己对教学的真知灼见和独特感受梳理表述出来。如北京九十七中学梁爱芬说："不放弃每个学生是我对自己最低的要求。当孩子们勇于表现时，无论结果如何，赏识教育是我的首选。我允许在成长道路上的任何不完美。"

2. 不迷信名家

既要海纳百川学习名家，但又不能盲目跟随。有时高手在民间，因为实践是理论的故乡。教学思想源于教育实践经验，生于教育过程，长于科学理论的引导。教师要相信有时自己在课堂和学生接触中的那种感悟往往更真实鲜活，更可靠。

3. 简练而深邃

表述教学思想的字词句要推敲凝练，言简意赅而富含哲理。紧扣梳理的教学思想核心，不跑题。不一定面面俱到，要突出重点。如北京和平街中心小学马劲梅说："孩子正如一粒粒种子，总会有一个美丽绽放的动人时刻，只是需要我们静待花开。"

4. 学会归纳概括

学会对有的内容做整理，即学会对自己的有些思想观点内容做组合。如北京十八里店中学张振华曾说："理想中的好课，具备'四有'，即有给孩子提出疑问的时间和空间，有给孩子与老师和同伴对话的环境，有给孩子自我建构和表达声音的机会，有给孩子自我发现和提升的可能……"

5. 重视联系实际

联系实际，尽可能避免空对空。最好以典型课例引入说感悟。可联系教材教学案例实际，可联系教学法实际，可联系教学风格实际。如名师刘大伟说："备课我有了'三步曲'：第一步，有它（教材）没我；第二步，有我有它；第三步，有我没它。上课，有了'三境界'：第一境界是'形动'，即千方百计吸引学生，让学生喜欢上政治课；第二境界是'心动'，即用我的真情打动学生，刻意创设特定的课堂情感氛围；第三境界是'神动'，即把我的观点变成学生的思想，进而导之以行。"

6. 不说正确的废话

什么是正确的废话？即大而空、旧而俗、重复别人的；大道理，好说不好做。站着说话不腰疼，虽然没错，但只是说说而已，大家都知道，心知肚明，重复。没有自己的独立思考，没有新意。即便是大家熟知的观点，也应解出新意，如特级教师宁鸿彬说："我中师毕业后被赶上了讲台，在教学道路上歪歪扭扭地走着……我绕过弯，迷过路，但我时常想这段从'学教'到'教学'的历程。"

7. 学会借鉴

没有厚积就没有薄发，没有深入就没有浅出。没有自己对名师名家教育思想的学习借鉴，自己的思想是丰富不起来的。一定要广泛借鉴名师的教学经验和思想，在海纳百川中建立自己的思想。但是注意，如果认同一些名家的观点，一是不能引用太多，二是一定要把名家的文字表达改动一下，最好用自己的语言来表述。

8. 有一定的可读性

有的教师思想梳理是很好的，但文字表述注重了科学性，忽视了可读性，干巴枯燥。这就要求文字表述一定要有可读性。比如表述学生观时，顾元彩说："教师给学生一个机会，学生还教师一个惊喜。"我们不是说所有的梳理都要这样写，而是说在可能的情况下，应该把科学的东西写得更通俗，更具可读性。

（二）多种表述形式

教师根据自己的需要，表述教学思想的形式也是多种多样的。

1. 综合式

这是围绕着发展观、教材观、学生观、教学观、教师观等多方面梳理自己的一些教学思想核心观点。

如下面北京三里屯一中幸福村校区教师于学芹在"我的教学思考"中这样梳理：

（1）我的发展观

我自始至终认为教育的目标是成长，是教育者和受教育者共同的成长，而且教育是慢的艺术。教育有它自身的规律，孩子总是慢慢长大，孩子的心智总是一点点地开启。教育就像农业和林业，我们不能揠苗助长，也不能靠生长激素。我们所能做的就是播种希望，辛勤地锄草施肥浇水，让它在阳光下，在春风夏雨中自然地成长，除了这些就是耐心地等待。我们许多教师太急了，急于求成，急于改变学生，这样给孩子的成长给自己的心灵带来的只能是伤害。

"十年树木，百年树人。"教育上没有一劳永逸，也很少能立竿见影。明白了教育工作的特殊性，我们就应当用一颗平和的心态来面对工作。我们可能苦口婆心地给学生讲道理，而学生却无动于衷，不要急，换一种方法再试试；医生不会因为自己开的药方没有效果而责怪病人，他会反思自己可能误诊了，要重新诊疗，再试别的方子。有时学生已经有了进步，可又出现了反复。告诉自己这很正常，教育常常是"抓反复，反复抓"。

我们不能奢望在学生心田上撒一次种子，洒几次汗水就能收获成长的果实。许多学生是在他的生命航船驶出学校这条江河，进入社会广阔的海洋时，才体验到教师的可敬和崇高。许多受益一辈子的东西是在学校生活中播种的，但往往来不及开花结果，学生就已经离开了学校。因此，教育是一种慢的艺术，教育真正的价值是很难比较和量化的。

让教育返璞归真，回归到它的最初。不要跟风头，赶时髦，魏书生老师也曾告诫我们不折腾，不懈怠，不动摇；守住，守住，再守住。

（2）我的教师观

基于对教育的认识：教育是教育者和受教育者共同的成长，所以教师应该和孩子一起把小事做好，把小事当成大事来经营。如关心学生的喜怒哀乐，为学生提供每一次细小的帮助，为学生认真批改每一次作业，认真解答每一个问题；当学生与你打招呼时，微笑着点头致意，也说一声"你好"；学生找你谈心时不要显得不耐烦；窗户上的玻璃脏兮兮的，和学生一起擦一擦；教给学生如何整理物品摆放有序；告诉学生不要争抢加餐……这些看似琐碎的事情做好了，做到了极致，你就是一名很不错的教师了。

读了很多书才明白很多名师做得事和我们一样普通，只不多他们做得更认真，更讲求艺术。南京师大附中的吴非老师，学生毕业后给他来信，他发现里面有几个错别字和病句，然后修改好，再把信寄回去。教三年，负责一辈子，这就是名师。

此外，其实我觉得教师很重要的一点应该是学会尊重别人。尊重别人就是尊重别人的选择。人家选择的是富贵立身，把挣钱当作人生最大的快乐也没有什么不对。人各有不同追求，世界才美丽多姿。有时候我们太多的自以为是恰恰是不尊重别人的表现，我们只是用自己有限的认知或自己的价值体系去要求别人、评价别人，其实时间会证明我们也许是错的。能够承认自己的无知和很多的力所不能及是我们教师最该补上的一课。

（3）我的学生观

"学生"一词在《辞海》中的解释有二，其一，正在学习的人；其二，接受他人的教导并帮助传播和实行的人。因此，我对学生的认识就是学生是积极的主体，是学习的主人，是正在成长着的人，也是我们成长路上的伙伴。最后，学生在学习之后，要承担起传播和实行的责任。我认为这个最终目标定得有点高，不易也没有必要完全实现。就好像《论语》中说，"学而时习之，不亦乐乎"，能"时习之"，也就是能学以致用就足够了。

（4）我的课堂观

我们一直强调学生是学习的主人，课堂是学习的主阵地，那我觉得好的课堂首先是一个动态的课堂。教师应合理、科学、有效地安排学生的学习活动，积极将众多的学习习惯分层落实到学生中，让不同层次的学生在课堂上都有最大收获，提高课堂教学的达成度。课堂还应是真正的学习场所，而不是要立竿见影出结果，展示成果的地方，还应是让人增长信心的地方，至少不是让人受打击的地方。我们共同学习的目的是共同成长，在一次次不同学习内容中发现自己的长处，发展自己的长处。

2. 案例式

这是围绕某一教学案例，而后阐述自己的一些教学思想观点，实际上也是一种教学感悟。

如北京市朝阳区柏阳学校小学语文赵嘉明在梳理学生观时举了这样一个例子：在学习《晏子使楚》一课时，学生感叹"我真想成为像晏子一样能言善辩的辩论家"。于是在第二课时的教学中我助学生"圆梦"，通过课本剧表演的形式进行学习，感受语言的精妙。在角色分配时，多为优秀学生充当晏子。表演时，台词背得滚瓜烂熟，表演也绘声绘色。但是有一组，是由学困生扮演晏子的角色，演出前，他问我："老师，我想当晏子，我想用自己的话来回应楚王的话，不想背书上的句子。"结合他的实际情况，我同意了他的要求。一开始，我以为他是懒得背句子，没想到他们组自己设计了一些很巧妙的回答。虽然不像书上那样引经据典，但同样回答巧妙，还巧用了歇后语和谐音，让我大吃一惊。这次表演成功后，大大提高了他学习语文的信心，成绩突飞猛进。学生一旦对学习有了兴趣，学习就会变成最快乐的事情。每一个学生都是"潜力股"，特别是学困生。教师一定要用发现、发展的眼光看待学生。从此，我对每一个学生都充满期待，静待花开，他们都是精彩的创造者和缔造者。

记得"拔"和"拨"这两个字，学生总是区分不开。课上，当我再次强调两个字的区别的时候，小宣把手高高举起，原来她是要告诉大家一个好办法。她说："大家看，这两个字的区别就在这里，我把这部分当作胡萝卜。胡萝卜没了，说明被拔走了，所以读拔。胡萝卜在时，说明是刚播种上的，所以和'播种'的'播'同音。"一语未了，语惊四座。我更是欣喜若狂！后来再遇到不好区分的字，学生们就会自主进行巧联想，妙思考，形成了一种风气。后来我明白了，教师会讲很重要，会学也很关键。教师要善于从学生身上学习，学会用学生的思维去思考，学会用学生的方法去答疑解惑，学会让学生去解决学生的问题，才能更好地与学生平等交流，更有效地实施教学。

3. 学科经验式

这是围绕自己对某一学科的教学经验梳理自己的一些教学思想。如这位老师在"我的初中语文课堂教学观"写了如下观点：①让学生学中有趣。②让学生学中参与。③让学生学中敢疑。④让学生学中多读。

4. 风格解读式

这是围绕自己教学风格教学法来阐述自己的教学思想。如上文【案例分享】中林珊撰写的"教学主张是这样炼成的"一文就是这种梳理方法。

第四章
有效集体备课校本研修策划

功在课前，效在课上；备课不成功，上课肯定不成功。导致课堂低效、无效的原因有：备课不充分，备课不到位，备课不得法，备课不深刻。由此可见，要提高课堂教学质量，必须提高备课质量，备课质量对课堂教学效果的影响是极其深远的。而学校要提高备课质量就要狠抓备课，尤其是集体备课。

 案例分享

集体备课：从"减负"到"能力提升"

浙江省温岭市城西小学　瞿梅福

集体备课是很多学校的常规教研形式。作为一所由多所完小合并而成的城乡接合部的街道中心小学，面对教师基本教学规范不齐整的情况，我们决定先从备课环节抓起，通过开展集体备课，改进备课质量，提高教学效率。

起步：为了"减负"的集体备课。

所有教师以备课组为单位进行分工，每人负责一篇课文或一个课时的备课，提前写好教案，提交到备课组会议集体讨论，之后形成一个比较成熟的、可以供大家使用的"通案"。这样的合作，节省了大家不少的时间和精力，受到教师的普遍欢迎。

但是，几次下来，问题便暴露出来。一些备课组将各章节平均分配给各位任

课教师，由大家分头撰写教案，然后合订起来复印给大家，以这样的个人教案之"和"作为集体备课的成课；也有一些备课组充分利用现代信息技术的优势，分头到各大教育网站搜集下载与教材内容相匹配的教案合订起来；有的备课组虽然也组织研讨活动，但大家都"十分尊重"主备教师，主备教师基本包办了备课组的教案；备课组教师以集体备课形成的"通案"为纲，并遵照执行，但不同风格的教师，面对不同基础的学生，"通用"也导致问题百出。这种眼睛紧盯"完成教案"的集体备课，遗忘了备课的本质，即使完成了教案也是不成功的集体备课。

探索之一：不让"集体"弱化了"个人"备课能力。

于是，我们加强对集体备课的研讨环节，把集体备课的目标定在"让老师学会备课"，逐步建立备课的规范。

每次活动前，备课组认真完成并提前分生主备教案，做好主讲发言的准备；要求备课组长做好主持工作，调节教师讨论气氛，做好讨论内容的及时记录。几次尝试下来，其他的问题又出现了，主讲教师分析教学内容时往往重教轻学，教学环节分析中注意了共性问题，却忽略了对本班学生实际的关注。

针对这些问题，学校对主备教师如何撰写主备教案的准备主讲发言，提出更为具体的要求。

主备教案要做到：①有教学目标、教学重难点、教前准备板书设计；②每课时要有教学要点、教学流程、作业设计；③为减轻教师负担，要求语文教师第二课时写详案，数学教师新授课写详案，其他学科每个课题写一个详案；④提倡兼任教师写教后反思，以写教与学中的亮点或不足为主。主讲发言应包括：①站在教者、读者、作者或编者的角度对教材内容进行深入分析；②对教学设计的意图进行说明；③对教学环节进行分析，重点放在对目标的达成与重难点的突破上；④对层次性作业的设计意图加以说明，而不仅仅介绍自己设计了哪些作业。

之后，新的问题又出现了。整齐划一的分组活动安排，操作形式基本不变，而实际教学内容却各有特点；开始研讨时常有收获，而反复"磨备"后渐渐淡而无味，教师对集体备课的依赖性加强了，学校要求教师独立备课反倒变成了苛刻要求；教师习惯于统一教案后，自己的思考少了，对预案的深入调整少了；教师负担非但没有减轻，反而有所增加……集体备课成了束缚教师的"绳索"。面对这些问题，我们又进行了集体备课的专题研讨。

探索之二：重视教师有思考地参与。

集体备课的真正目的不在于形式的改变，而是要让教师学会独立备课。虽然集体备课为教师提供了相同的剧本，而不同的演员面对不同的舞台会怎么做呢？我们认为，大家实际使用的教案应该是在集体讨论后独立生成的。教师有思考地参与应成为我们推进集体备课改革的新的要点。

鉴于此，学校提出要发挥集体智慧，在大家对教材的理解达到最佳程度后，一定要强调从自己的实际出发，对集体成果做适当的取舍和调整。"四度调整"便成为我校集体备课的一大特色。

一度调整：辅备教师的集体备课活动前，抽时间浏览主备课教案，结合本班学生实际做一些调整，注上个人见解，对主备教案做教前的设想调整。

二度调整：在集体备课活动时，主备教师发言后，辅备教师根据主讲内容从不同角度、不同侧面谈个人见解，并在听取大家对主备教案的调整意见的基础上，积极思考，博采众长，在空白处做一些修改的记录，以便形成一个合理的、个性化的教案。这是集体智慧的结晶，也是个人智慧的激活。

三度调整：即平时的教后反思。尽管教学预案对学生可能遇到的问题做了充分考虑，但事先的设计同实施之间总会有一定的距离。课后教师也常会发现某些美中不足。因此，将自己课后的反思分析也记到教案中。教师可以记录成功的经验，也可记录教案的修改，还可以记录学生的创新和问题，包括一些突发事件的应对，以及分析处理的成败得失。三度调整还可以教学案例的形式记录教师在教学活动中的经历与思考。

四度调整：在下次集体备课活动之前的半小时，一般要针对上两周的教学内容，由教师交流各自的教后反思，大家就教学处理、训练题的设计、学生学习表现等情况做交流。这是教案运用于课堂教学后的深刻感悟。在交流的过程中，要求教师及时跟进思考，广纳众长，做进一步的补充调整。

为强化教师"四度调整"的意识，并学会运用"四度调整"改进教学，学校要求教师每次调整都采用不同颜色的字来标注（一、二度调整用蓝色，三度调整用黑色，四度调整用红色）。

探索之三：让教师学会深度的教学设计。

在备课组坚持常态的单元集体备课两年后，我们感觉教师的积极性又有些下降。活动新意少了，教师感觉集体备课对自己能力的提高不如以前那么明显。

这是为什么呢？经过访谈后，我们发现，教师对规范备课的程序要求已经掌握，以反思分析的眼光去参与备课讨论，并个性化地吸收和调整的意识已经具备，但如何上好一堂课，备好一堂课，并不是几项制度和活动的操作流程所能解决的，教师期待着在活动研讨中进一步提高自己的教学设计能力。只有这样，教师才能真正获益。

针对这种情况，我们适当减少集体备课的课时覆盖面，让教师在掌握备课方法后自主备课的课时稍多一些，突出一些比较典型的教学设计方法，或教师教学实施中感到困难的专题，加强对教学处理中典型问题的主题性指导。集体备课不能满足于教学过程设计的优化，它要反映教师分析和解决教学问题的能力。因此，在条件渐渐成熟时，我们将集体备课演变成以教学讨论来解决教学问题的教研形式。从关注现象到切入问题，集体备课也在提高其研究的理论水平。也正因如此，集体备课才能真正成为教师专业发展的有效载体。

在对集体备课的不断探索中，我们的集体备课从形式走向实质，从工作应急变为方法指导，继而深化为问题研究。在这个过程中我们认识到，学校要以发展的眼光看待集体备课，以行动研究的策略来推进和完善集体备课，及时发现实际工作中的问题，实事求是地调整管理制度和操作要求，实现集体备课的与时俱进。

 **问题分析**

用集体备课的碰撞唤起教师的智慧

上面的案例分享启示我们，抓住集体备课就抓住了教学管理的根本。那么，应怎样抓集体备课？应该精心设计校本研修。

一、备课是教学的源头

备课，真是一个几乎老掉牙的话题，其实，就是这个老掉牙的话题却隐藏着提高教学质量的全部秘密。成也备课，败也备课，苦也备课，乐也备课。提高课堂效率，减轻师生负担，促进教师专业化发展，化解新课程实施中的矛盾——这些都需要回到"备课"这一原点来加以研究。备课真可谓"牵一发而动全身"。名师这样说备课：

◆曹晓红说:"上课与备课的关系相辅相成,有怎样的准备,就有怎样的发挥和怎样的效果。"

◆杨再隋教授说:"语文课出现了'虚''闹''杂''碎''偏'的问题。如果这些问题带有普遍性的话,我认为问题首先出在备课上。"

◆张子锷说:"我教中学物理50年了,同时教3个班,课已讲了150遍了,但是到最后一遍,不备课我还是不敢上课。"

◆一次,陈毓秀讲《战国七雄》一课时极为精彩。课后有人问她:"这节课用了多少时间备课?"她回答说:"要说时间长,我准备了一辈子;要说时间短,我准备了15分钟。"

◆斯霞说:"要上好课,首先要备好课。我常常把备课比作指挥员在组织'战役',我总是反复推敲,直到有了自己认为比较满意的设计方案为止。"

◆于永正说:"关于备课的重要性不必说了,反正没备课或者课备得不充分时,我是不敢进课堂的。"

那么,教师应该怎样去诠释备课?为什么传统备课总是高耗而低效,它的主要弊端是什么?新课程下备课有什么新特点?有效备课的出路又在哪里呢?

二、集体备课话利弊

来自集体备课的实践证明,集体备课有其利也有其弊。

(一) 集体备课的利

集体备课有很多好处,主要表现有如下几点。

1. 集中集体的智慧

我们知道,一个教师仅凭自己的文化底蕴和教育观念,以及对现有教材的理解和教学经验的积累去独立备课,其效果是很有限的。而集体备课恰能弥补个人备课之不足。它是一种智慧的碰撞,资源的共享。特别是它能取长补短,优势互补。老教师感染了年轻人活跃的思维,青年教师借鉴了老教师丰富的经验。另外,对一些教学重点的把握和难点的突破,都是在集体备课时经过大家讨论解决的。这样,可以减少自己备课的思考时间,还可以集大家智慧为己所用。

集体备课的开展,真正把大家从烦琐、应付性的劳动中解放出来,实现了由过去的"劳苦型"到"创新型"的转变。备课真正做到了"备"而不是以前的"写",更注重了"研"与"探",使教研氛围浓厚,增加了学术气息,教师无须再整天埋头写教案。集体备课让教师有时间和能力接受新的信息，掌握教改动态，引进教育理念；教师可以通过与同伴交流，提升业务素养。另外，也有时间进行业务学习和进修，并开展各项科研活动，从整体上提高了学校的教育教学水平。

2. 集体备课是青年教师的一座成长之桥

长江后浪推前浪，一代更比一代强。学校每一年都可能新进一部分青年教师。怎样缩短他们的适应期，加快其成长步伐？集体备课就是一个快捷的平台。集体备课后形成的"共同结晶"，对于新上岗的教师更是提供了难得的"教学蓝本"，引领新教师早日入门，尽快熟悉教育教学，使新教师在教学中少走弯路，缩短成长周期。

3. 集体备课是一种最实际、最有效的校本研修

"意在近而求诸远，事本简而索诸繁。"当前我们对校本研修的研究有一个逆向思考：校本研修不能越研究越高深，越研究越脱离实际，而是要回归学校，回归实践。通过大量教师的听课、评课、备课、说课等实践，集体备课已被证明是行之有效的教研方式，也是我国多年沉淀下来的具有中国特色的学校教研工作的精华。所以，应在不断改革中加以完善，使之更好地发挥作用。

（二）集体备课的弊

从哲学上说，有一利即有一弊。集体备课尽管有上面那么多的好处，但也有其弊端，其主要表现有如下几点。

1. 集体备课可能让某些教师形成惰性

为了减轻教师的负担，也为了更好地发挥广大教师的集体智慧，近些年许多学校除了加强集体备课，还有的学校按章节分配任务，再集中研讨。这些做法突出一个方面的同时带来一些弊病。准备的教学方案内容十分详尽，包括教学环节设计、教学重点难点的突破，甚至连板书和课堂检测、课后作业都安排妥当。有些教师因此拿来就用，照本宣科，不把心思放在教学研究上，养成了惰性；还有些教师存在"等、靠"思想等，学科带头人或中心发言人提供教学资源，靠他人的经验应付教学，完全失去了自己的主张和创新。因此，常常出现这样的现象：少数人备，多数人用，加重了一些人的负担，又养成另一些人的惰性，不利于教师专业发展。

2. 集体备课处理不好会限制教师的自主性和创造力

我们知道，教学是一种个体的创造性活动。如果是独立备课，教师能最大限度地去调动自己的各种潜能，尤其是尽可能发挥自己的创造力去认真设计一节课。但是因为有对集体备课的依赖，教师备课的自主性、独创性可能会大打折扣。因此，集体备课处理不好会扼杀教师的个人风格。

综上分析可见，集体备课的利与弊共存。我们对集体备课的研究目的，就是找到更好的发挥集体备课的利，而尽可能去克服和缩小集体备课的弊的方法，使集体备课更有效、更高效。

三、当前集体备课的误区

研究表明，目前集体备课还存在以下种种误区。

（一）集体备课＝集体聊天

集体备课时间到了，在教研组长张老师的催促下，教师们陆陆续续回到办公室，张老师先讲了一些学校和教研室的通知，之后，大家随意聊着其他话题，眼看时间过半，张老师才说："大家看看，我们今天备什么内容。"教师们于是七嘴八舌，有说学习新课标感悟的，有说课堂教学的，有说单元测试的……最后，张老师确定一个话题让大家讨论发言，又临时指定小王老师做记录，时间一到，教师们各自散去。

（二）集体备课＝"教案之和"

某校教研组将新教材的各章节平均分给同年级的各位任课教师，由各任课教师分头撰写教案，完工后交给集体备课组长，由备课组长将其装订成册，谓之"集体备课"。这样做虽然大大"减轻了教师的备课压力和负担"，但违背了集体备课的初衷，没有了教师的共同参与和讨论，没有了教师的心灵碰撞和集体智慧的结晶。

（三）集体备课＝"网上资源的拼盘"

为了快速促成集体备课，实现教师"自我解放"，有的学校利用现代信息技术的优势，由各位任课教师分头"在线查找"，将各大教育网页中与新教材相匹配的教案下载，装订成册，谓之"集体备课"，全然不顾内容是否切合教学的实际需要。

（四）集体备课 = "唱独角戏"

周三下午，某教研组开始集体备课，教师们纷纷拿出教案簿，按照惯例，由事先安排的李老师、宋老师分别说说下周教案内容设计，然后其他教师提出修改意见，大家讨论确定教学目标、教学重点、教学难点、教学过程、教学方法、练习反馈、板书设计等内容。剩余时间，大家一起写教案。备课结束后，教研组长又安排下一次集体备课教案准备内容和人选。

集体备课在各地已成为一种时尚，各校往往根据年级和学科分成集体备课组，每组挑选一位教学中的骨干教师担任组长。由于组长往往在教师中有一定的威望和地位，所以，在集体备课中研讨往往变成了组长唱"独角戏"，其他教师"出工不出力"，很少发表自己的意见看法，集体备课名存实亡。

（五）集体备课 = "模式教育"

某学校严格集体备课制度，规定集体备课的终极就是形成集体意见，要求同年级、同科教师统一进度、统一内容、统一目标、统一重点、统一作业、统一检测。

一所学校的 5 堂公开课，5 位教师上的课都是同一个模式：一样的导入，一样的讨论，一样的习题。听课教师无不纳闷：为什么 5 节课如出一辙呢？原来这 5 位教师经过了集体备课。难道集体备课就得机械照搬，不能有自己的个性和创新吗？

集体备课应是教师共同智慧的结晶，它既不是各备课教师的"教案之和"，也不是一人说了算的"家长制"，更不是网上资源的"下载拼盘""标准答案式"的教学方法、教学手段以及教学流程。

通过上面对集体备课误区的列举，集体备课效率为什么不高，教师为什么不满意，就不言自明了。

研修策划

怎样使集体备课更有效

根据集体备课的利与弊和当前集体备课的误区，学校在策划集体备课校本研修时应该考虑这样几个问题。

一、有效集体备课的原则

毋庸置疑，尽管集体备课当前在学校存在这样或那样一些问题，但它仍然不失为一种好的教研形式，关键是学校应如何兴利除弊把它组织好。

有效的集体备课应坚持以下几个原则。

（一）以个人备课为基础，集体备课为辅助

个人备课与集体备课孰轻孰重，不言自明。个人备课是集体备课的前提和基础，因为有了集体备课，教师就可以降低个人备课的标准，这是绝对不可以的。加强集体备课并不是不要个人备课，反而更应该注重个人备课。

没有集体交流的思想碰撞和相互启发，集体备课就如同空中楼阁。尤其是新课程实施以后，教材内容也发生了很大的变化，有很多都是新选的内容，即使是老教材，教学的目的和要求也变了。怎样才能常教常新，体现课程新理念呢？这些都需要教师个人首先深刻地钻研教材，吃透教材和课程标准。

集体备课不仅要从内容上考虑个人备课与集体备课的结合，还要考虑时间的合理安排。时间，也是制约集体备课成效的重要因素之一。每日除忙于备课、上课、批改作业、辅导学生等必需的常规教学活动内容外，还有其他繁多琐碎的教育教学活动，早已使教师疲惫不堪。如果再加上集体备课，虽然每周只有一次，但一个流程下来，也得忙上大半周，大家超负荷运转，集体备课时出工不出力也就在常理之中了。要想充分发挥集体备课的效益，首先得为大家"减负"。有一位校长谈到了他们学校的做法：经过与教师们反复研究，我们达成一致意见——减掉过去手抄笔写的理论笔记，增设"读书沙龙"，以年组为单位每月举办一次；开设教师博客，要求教师随机发表可长可短的教育教学感悟或评论；改进"一刀切"式基本功训练形式，只强化少数未过关教师训练（并安排特长教师予以定期指导），解放大多数已达标教师；改进备课方式，废除费时耗力的手写教案，实行"绿色"电子教案。教师教学常规管理项目的删除整合，为集体备课提供了有效的时间保障。

（二）统一要求与尊重个性相结合

教师参与集体备课，如果没有指标、时间、内容、方法等方面的要求，教师的备课就可能有随意性，不能上层次；如果对教师的备课要求过于规范，统得太死，又会限制教师的自主精神和创造力。所以，关键是要把握一个范围和度，即

哪些内容可以统一要求，哪些内容让教师去自主处理。如在理解和把握课程标准，研究和分析教材，或者在确定教学整体目标以及应遵循的普遍的教学规律等方向性、规律性、规范性等方面可以要求相对的统一，而在具体的教学方法、方式上，则不宜强求统一。统一中有自主，统一中有灵活，统一中有创造，这应该是集体备课活动中坚持的基本原则，其中创造性是集体备课质量检查的重点。

（三）突出研讨交流，淡化教案编写

有的教师把备课当成找教案、写教案，甚至是抄教案，自然也就把集体备课当成集体修改教案了，显然这是有悖集体备课的初衷的。

"水尝无华，相荡乃至涟漪；石本无火，相击而生灵光。"集体备课最大的有效性就是教师能在这个平台上，碰撞智慧，敞开心扉，交流思想。

例如，洋思中学多年来之所以在"先学后教，当堂训练"的课堂教学改革中取得成绩，是因为在集体备课方面有独特的做法，备课总要集中研究以下几个问题：

1. 如何引导学生自学最有效？

2. 共同研究下一周各课时的教学方案。

3. 确定学生自学范围、自学内容、自学方式、自学时间、自学要求，即"五确定"。

4. 自学可能遇到哪些疑难问题？

5. 设计什么样的当堂测验题才能最大限度地暴露学生自学可能存在的问题？

6. 如何引导学生自我解决这些问题？

"教"是根据学生的"学"来组织进行的。

（四）整体备课与研究重点相结合

因为每一次集体备课的内容无论是在广度、深度还是难度上，都会有所不同，所以集体备课不要面面俱到，而是尽可能在解决重难点上下一番功夫。

有位校长谈了本校集体备课的做法：我们对各科集体备课的时间和形式进行了区别安排。语、数两科每两周组织一次集体备课，重点讨论两周内教学任务、教学重难点、解决策略及注意事项；常识、艺、体学科每三周组织一次集体备课，重点商定授课思路，提高课堂效率及引导学生拓展的策略。同时，要求备课组组长及时了解成员在教学实践中的疑难或偶发性问题，加强"随机式"集体

备课，形式可灵活多样，地点可灵活多变。如此，因科制宜，不搞"一刀切"，集体备课的实效性便得到了更加突出的发挥。

（五）单一的备课与多形式教研活动的结合

实践证明，单一的集体备课尽管也会使教师有一定的收获，但是它不如全程式的、多种形式教研活动的组合发挥的作用更大一些。如在学校广泛开展的"四课"系列化教研活动就会使教师收获更大。

二、有效集体备课的组织管理

集体备课的有效组织要做好以下几件事。

（一）有一个"雷打不动"的备课制度

海尔集团董事长张瑞敏说："把平凡的事情做好就不平凡，把简单的事情做精了就不简单。"

集体备课像做其他事情一样，只有持之以恒才能做好。只要每周备课的时间、内容、方法、责任定了，就应不折不扣地执行，否则集体备课便会三天打鱼两天晒网，从而导致其有名而无实，这样的集体备课是不会取得好的效果的。

有一所学校集体备课制定"三个三"制度很值得借鉴：

第一个"三"是"三定"，即定时间、定中心发言人、定教案。每周二、周四提前备一周的课，并定好中心发言人。一个课时，备课时先由中心发言人进行分析，然后集体讨论教材，吃透教材后，提出教案的提纲，形成统一教案骨架，每人手中一份，其他教师在此基础上，针对班级学生的实际情况确定具体操作环节。

第二个"三"是"三明确"，即明确目标、明确要求、明确方法。备课时明确在教学中教师教什么，学生学什么，教师教的应该是学生学的，其重点是什么，难点是什么，如何去攻破。不能就课讲课，要寻找规律，提高学生学习能力，让学生不仅知其然，还要知其所以然，做好知识迁移。同时，还要明确怎么教，群策群力选择最佳的教学方法，克服"一言堂"现象，把趣味、微笑、激情带进课堂。

第三个"三"是"三落实"，即落实检测题、落实"回头看"、落实纠错与改进。为了检查备课质量、教学效果，在备课时或教学后要精选课堂教学及学习检测，进行"回头看"（二次备课），对教学中暴露出来的问题，通过回授和分析，进行纠错和补救，为教学提供宝贵的经验借鉴。

（二）营造畅所欲言的备课氛围

宽松、民主的氛围，有助于备课成员广开思路；而压抑、紧张或者是"一言堂"的备课氛围，自然就堵塞和抑制大家研讨问题的积极性。所以对于一所学校来说，营造良好的教研氛围很重要。

正如有位青年教师所说："刚参加集体备课时，也是我刚参加工作的时候，由于经验资历等原因，我一般都多听少说，发言较紧张，想法也不能充分表达，每次备课总觉得不够尽兴。可当看到大家经常为一个问题争得面红耳赤的认真劲儿，我也慢慢融入讨论的行列中去。说话声音响亮了，思维运转更快速了，问题也都得到解决了。而能够如此充分地投入其中，最重要的是我们彼此信任，彼此了解，彼此无所顾忌，才能共同营造出畅所欲言的备课氛围。"

（三）要有一个有影响力的组织者

显而易见，良好教研氛围的产生，离不开好的主持人。备课组的成绩是大家的，但没有一个有影响力的组织者进行引导和组织，也不行。试想，在一个没有中心引导者的备课组中，也许大家十分善于总结反思，发现了很多问题，产生了很多困惑，可提出来时却无人解释，揣着问题来，又兜着问题回去。长此以往，不但教师没有进步，集体备课流于形式，且容易使人产生惰性，直至懒得提问，懒得讨论，懒得进行集体备课，因为大家不能在这样的集体备课中获取自己需要的营养。

主持人应具备几种能力：一是本人应该是业务尖子，技高一筹，有影响力；二是作风民主，善于听取大家意见；三是有调控能力，善于调动备课组每个成员的积极性。

（四）加强备课指导

对于教师的备课，只提要求而不进行引领和指导是不合适的。你说教师这样做不好，那样做不好，那么哪种方法最好呢？尤其是一些青年教师和教学能力差一点儿的教师，他们也不是不想把课备好，只是苦于不知如何去备课。他们不会组织处理教材，不会设计教学流程，不会筹划、选择教法和策略。所以对教师进行备课方法的指导和进行经验的交流是十分重要的。备课指导可采取下面的一些做法。

1. 集体指导

这应纳入学校的教学工作计划，每一学期里，针对教师备课中需解决的问题，有计划地搞几次备课专题讲座。

这些讲座可以由学校教导主任或校长来讲，也可以外请教研员来讲，还可以请学校教学骨干教师、学科带头人来讲。讲完以后，大家还可以进行磋商、研讨。

2. 个别指导

学校领导除了组织集体指导外，还应经常深入教学实际，从中进行个别指导。这是提高教师备课、上课能力的一个重要方法。如下面这位小学校长的做法就很值得借鉴：

我校从农村调来一位中年女教师，名叫李秉先。两年多来，她埋头苦干，备课笔记写得工整而详细，作业批改也十分认真。然而教学成绩却不尽如人意。我带着这个问题去听她的课，观察她的教学实际，发现她每次上课点名、分发学生作业都不依照学生座位；练习题临时写在黑板上，课前学生没有准备好学习用具；学生发言乱抢乱答……我觉得这位教师的教学时间是太浪费了。

我把教师请来，先指出她认真负责的工作态度，然后指出了她浪费时间的现象，分析其严重性，最后提出"怎样节省数学课的教学时间"这个问题，让她重新备课，试验研究。李老师把研究计划定好后给我看，我赞许她的可行之处。后来又几次与她商量、切磋节省时间的办法。一学期后，她班的学生成绩略有上升，一年以后，竟居同年级组第一。

3. 示范指导

典型示范引路是指导备课的又一种方法。对于教学研究的新课题，对于下达的新教材，对于较复杂的课程，可由业务能力强的教师先行一步，备课、上课，做出榜样，启发大家。

示范指导可做到三个"先"，即"先学一步""先准备一点儿""先上一次"。所谓"先学一步"，就是派教师出去参加教研会，学习外地经验，或到外地参加集体备课。有了"先学一步"，就可以让这些人"先准备一点儿"，还可以由领导同他们一起磋商研讨、开路子。然后再由这些人在组内上各种类型的示范课。最后，大家照样子备课、上课。这是个"传、帮、带"的过程。

承担示范指导的可以是小学的学年组长、中学的教研组长，还可以是教学主任、校长。沈阳市铁西区共和小学教导主任岳玉兰就经常给教师做备课示范。

4. 资料指导

这是指学校给教师提供了一些由优秀教师、特级教师备课、上课的图书杂志、光盘等资料，以引导教师提高备课水平。

第五章
学校"磨课"校本研修策划

为把课上好,教师自己绞尽脑汁研读教材,反反复复地修改教学方案。而磨课是一个载体,能把教师自主研修、同伴互助、专家引领很好地结合起来。同时搭起了一个交流协作、资源共享、智慧碰撞的教研平台,请同事、专家、名师来听课、评课,进行指导,再结合自己的教学风格反复研磨。"磨课"是对教师最好的淬炼,更是提高教师课堂教学能力,使其迅速成长的捷径。那么,学校应怎样开展"磨课"校本研修活动呢?

 案例分享

"磨课"是最好的淬炼
长沙市雨花区砂子塘小学　孙瑛

回想起自己走过的 21 个教学春秋,我认为"磨课"是教师专业成长最好的淬炼。

一、"作秀"高手

1990 年,师范毕业,青涩的我迈上三尺讲台,从此与数学结缘。虽然我们没什么校本教研,但公开课还是每学期必上一节。那时,没有什么师徒结对子,就是自己瞎琢磨。设计课时,心中只有一个念头:设计新颖,出其不意,有吸引力。于是,在"数学王国""数学乐园"风行的潮流中,我的"动物嘉宾""水果小子"等数学卡通人物进入数学课堂，一时间成为我课堂的亮点，特别吸引众人的眼球。尤其是我总会挖空心思，变戏法一样地将题目从数学卡通人物的身上变出来，更是为我那本没什么内涵的数学课增色不少，俨然一个课堂"作秀"高手。什么"数学靓仔驾驶铅笔火箭飞奔而来"，什么"青蛙博士数学荷塘开大会"，我的数学教学功底没怎么夯实，但几年的公开课，倒是练就了我天马行空，创意设计嘉宾人物的小本事。

二、转型"务实"

懵懵懂懂一个大循环教完，1996年9月，我又教一年级数学。开学两个星期左右，校长对我说："孙瑛，准备一节课，明天参加区里比赛！"六年的公开课历练，总算派上用场了。我二话不说，就接受了任务。殊不知，正是这大胆的举动，成就了我教育人生的第一次小飞跃。当时，我的脑子急速运转。校门口流行的机器人给了我灵感，便奇幻般设计了一个来自外太空的大大的机器人开场，全身布满机关，复习题、新授题巧妙地隐藏其间，再加上一个神秘飞碟和迎宾机器娃的点缀，感觉更是锦上添花。尤其是最后拉开飞碟大门，藏于门后的左右两列口算竞赛题，更觉得是画龙点睛之作。带着我的两个超大教具，执教《5的加法》参加比赛，我是信心满满。果然，我从区里26个参赛选手中脱颖而出，由我参加市赛。

我正得意于自己的创意"巨作"，区教研室的李老师把我叫到一边，和我细细交谈："你很聪明，很有智慧，会捕捉时下学生喜爱的东西设计进课堂，将一堂课串成一个神秘的故事……"我得意忘形。"不过，你有没有想过，你到底要教什么？学生到底要学什么？"

接下来的话，让我如梦初醒：上了6年的数学课，我只是个"作秀"高手，但课无内涵。我用心记下了李老师的每一点建议，保留整体设计框架，改为设计《7的加法》，重点把握算理的渗透、算法的多样，并且技巧地完善板书，让学生在欣赏中观察、在观察中发现、在发现中感悟"加法算式中，加数与和的变化规律"。整个教学内容，有了质的飞跃。我骄傲地挺进省赛。虽说是依样画葫芦设计《9的减法》，但是，从教学目标的定位、教学重点难点的把握，到教学细节的处理（课题怎么写，教具贴在什么位置，板书从哪里起笔，每个算式中的间距是多少），整个教学设计，我是再上台阶。我一举拿下省一等奖。当时，评委老师幽默地说："课是上得好，就是要穿个高跟鞋就好了！"参赛回来，以后公开课的设计，我开始了悄然的转型，有了从"形式主义"到"务实主义"的不小转变。

三、"悟"中飞跃

成为砂小人的这6年，是我极速成长的6年。磨课不少，悟点颇多。

我在砂小第一堂展示课《比大小》中不经意说了一句："让小红旗飘扬在你的数学书上吧！"李校长在大会上把我的"飘扬"表扬一番，说我赏识学生的语言灵动。得到认可的我悟到：赏识的语言可以多样化、创意化，魅力的赏识语言可以浸润孩子们的心灵，激励孩子们在数学道路上勇敢前行。

2005年，参加省教学比武，磨课《11～20各数的认识》，时间紧，任务重。试教中，我对学生的回答听而不闻。书记语重心长："只有及时把握现场生成，敏锐抓住逆现在学生眼前的稍纵即逝的、迎面扑来的课程资源，才能让课堂凸显意外的惊喜！"从这以后，我会用心倾听孩子们的发言，包括孩子们随意叫出的答案，我会试着在恰当的时机做出恰当的回应。于是，倾听成为一种习惯，现场生成也成自然。

执教《找规律》，参加青年教师比武。试教后，组内教师坐到一起，围绕该课开展真正的评课。余老师说："你应该让学生清楚地看到是怎样的图形为一组！"李老师说："你应该注意让学生用完整的数学语言表述每一组规律！"细细品味，慢慢斟酌，修改蓝图跃然纸上，从游戏导入开始，我便给学生一个非常清晰的"以什么为一组"的找规律方法，渗透"以什么为一组"的简洁的表达语言，让学生一步一步加深印象，不仅会"找"，而且会"说"。虚心听取建议，让我体会到：巧妙突出重点字，简洁使用关键词，更能帮助学生准确表达数学思想。

进行组内教研，上着《有趣拼搭》："圆柱好容易摔跤的！""球最难堆了，它总是坐不住，滴溜溜地滚。"听着这些"非数学化"的发言，我连忙用标准的数学语言"它们的稳定性比较差"进行纠正和规范，小朋友们听得似懂非懂。课后真情研讨：孩子们自有他们多姿多彩的世界，自有属于他们的"儿童文化"，与成人不同，数学在孩子们眼中是五颜六色的。枯燥、生硬的数学知识，"播"在孩子们那里，"扎根"的是孩子们的儿童世界，"浇灌"的是孩子们的天真烂漫，当然可能"开"出一些成人所意想不到的"奇花异草"。我们教师就应该善于听出孩子们"漂亮"语言的弦外之音、言外之意，发现他们谬误中蕴含的新奇、琐碎中寄托的真切、荒诞中包裹的合理，引导他们的思想抽穗、情感聚变、知识拔节。

而《重叠问题》的PK则让我深刻领悟到：数学思想方法的掌握，才是学生数学素养提高之根本。"五一"劳动节，关在家中三天，我总算设计出自以为满意的作品。课后，黄主任在评课中说道："老师们，我们备课最先思考的其实并不是怎么教！最先应该是站在数学课程的角度去思考，这节课我到底要交给孩子们什么样的数学思想……"黄主任一席话，惊醒梦中人：的确，知识本身是非常重要的，但知识并不是唯一的决定因素，真正对学生的后继学习乃至生活、工作长期起作用，并使其终生受益的是数学思想方法。未来社会需要的是大量具有较强数学意识和数学素质的人才。可悲的是，我从未把数学思想的渗透作为我的教学的重中之重，似乎这已是被我"遗忘的角落"。庆幸的是，我在悟中警醒：赶快"站高一点"吧！在以后备课的过程中，要全方位地备数学思想的渗透，深入钻研教材，充分挖掘教材中能向孩子们渗透数学思想方法的各种因素。每一个细节都要考虑如何结合具体内容进行数学思想方法渗透，渗透哪些数学思想方法，怎么渗透，渗透到什么程度，都要有一个总体设想。然后，根据孩子们的生活经验，通过设计有效的丰富多彩的教学活动，有意识地将数学思想方法浸透于其中，让学生感悟、理解、运用这些思想方法解决生活中的有关问题，提高学生的数学素养。

在砂小的 6 年，我受到现代教育思想的洗礼，受到先进教育理念的熏陶，受到浓浓校园文化气息的浸润。大胆地上公开课，在失败中反思、在成功中提升、在感悟中不断飞跃与成长。

条条大路通罗马，但坐飞机总要比坐火车快。教师的专业化成长道路有千万条，但上面孙瑛实践案例证明，教师通过磨课的历练，教学能力的提升和收获最大，专业化成长最快。而那些脱颖而出的名师，也正是在无数次"磨课"的成功和失败的练狱中成熟成长起来的。

 问题分析

在打磨中提升，在历练中成长

通过上面精彩的案例介绍，我们可以看出，磨课是教师专业成长最好的淬炼。美玉要琢磨，好课靠打磨。

一、什么是"磨课"

所谓"磨课"，是指某个教师在一定时期内，在教研团体的协助下，以课堂

教学案例为载体，以某一节具体的课为研究对象，以课堂教学中的"问题"或关键事件为中心，采取多种形式，运用教研方法，或科研方法，进行反复、深入地学习、研究与实践的过程。

在"成长力教师"的调查问卷中，调查者发现有40%的教师专业成长道路是从磨课开始的，磨课是最好的历练。特级教师薛法根老师曾谈到自己从教之初时上公开课的感受：根治自身教学顽症最有效的方法，就是在专家面前真实地暴露你存在的问题，请他们毫不留情地给你做思想内源的"外科手术"，让你在"痛苦"中脱胎换骨！

二、为什么要重视磨课

磨课是最好的历练。教师通过确定选题—导课—备课—上课—评课—反思—再上课—总结经验等一系列行动研究，专业能力会迅速提升。

现如今，关于公开课、优质课评选的利弊，可以说是众说纷纭。其实，公开课、优质课本身并没有问题，"磨课"本身也没有问题，关键是着力点有没有找对：是单纯为了获奖而磨课，还是为了提升教学艺术而磨课，这是问题的关键。许多名师之所以能成为名师，就是在一节节公开课、优质课的磨课历练中成长起来的。对教师来说，打磨课堂，就是打磨自己的教育人生。

压力就是动力。每个人都有惰性。通常教师上"家常课"，一般是得过且过，很少为准备一节课而日不甘食，夜不能寐，可以利用的时间都白白浪费掉了；而要上公开课磨课则不同，从决定上公开课之时起，大脑便开始高度紧张起来，每时每刻都在为如何上课去思考，能利用的时间都利用了，但还是感到时间不够用，甚至寝食不安，彻夜难眠。表面看上去，公开课给教师增加了负担，其实这种负担，对教师来说是必要的。因为有压力才有动力，有动力教师才能利用一切可利用的时间资源、教学资源和才智资源，才能更快地提升自己的专业能力。

准备就是提高。特级教师窦桂梅说："十几年过去了，现在，我越来越深刻地认识到：上公开课，就像家中来客必定要清扫庭院，准备盛宴一样，其中有准备的紧张，更有展示的兴奋。这就像过日子，如果没有客人，可能会终年粗茶淡饭，散淡随意，正是那经常光顾的客人，使得我们'家政技艺'一日千里。"丁风良老师说："5年中，我参加了若干次不同范围的评优课。在评优课活动中，我感触最深的是，评优课准备过程是一个不断反复、不断积累、不断提升的过程。而评优课过后无论取得名次如何，自身都将完成一次蜕变，完成一次质的提升，完成一次自我超越。"

的确是这样，教师上公开课的磨课过程是一个最好的学习过程。书到用时方恨少，教师为准备一节课不知要去查多少资料，不知要去请教多少人，教案不知要写多少遍。一次次的试讲，一次次的创新，一次次的反思。这是那些四平八稳的"家常课"所无法得到的收获。

群言就是智慧。一个教师完全把自己封闭在"自我"的小天地里，其专业成长一定是缓慢的。"家常课"没人挑剔和指责，固然平安，但家常课的软肋、问题，乃至错误也会永远延续下来，自己的亮点也没人欣赏。而公开课则不同，教师要把自己真实教学水平和文化底蕴赤裸裸地暴露给别人，让别人评头论足，这时教师才可能了解一个真实的自我，才能让自己有脱胎换骨的变化。

三、磨课的多种形式

教师采取哪种磨课形式，可以根据实际情况来定。教师通常有以下磨课形式：

"四课"教研活动我们并不陌生，过去有些学校也抓了，但成效较低。这是因为在抓的过程中有些散乱、扭曲和浮躁。我们提倡用心抓实。

什么是"四课"系列化式？所谓"四课"系列化式，是指教师以分析教材、了解学生、研究教法、学法为主体内容，以备课、说课、做课、评课活动为载体，旨在实现课堂教学优化和提升教师专业能力的系列教研活动。因为它是由备课、说课、上课、评课四个环节组成，而四个外显环节又环环相扣，层层深入，所以称为"四课"系列化式教研（如下图）。

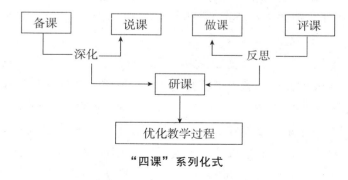

"四课"系列化式

因每一次教学研究的内容、重点不同，又因地区、校情、师情、生情不同，"四课"系列化模式的程序也应有所不同，这里列举几例。

（一）五步"四课"系列化式程序

这种程序比较适合常规的教学研究（可以由同年级几位教师同时选择同一教学内容开展活动）备课（个人与集体备课结合）→说课（主讲教师说课，教师集体评议）→上课（主讲教师上课，其他教师听课）→议课（教师集体评课）→结课（对课做出总体评价，教师写出心得）。如下面这个案例：

在同一节课中品读不同精彩

南京市北京东路小学校长　孙双全

一天下午，我走进了五年级办公室。5 位年轻的语文老师正在集体备课。我对她们说："我也参加你们的集体备课，好吗？"她们都高兴地说："欢迎校长参加，我们求之不得呢。"那一天，我们谈了很久，夜幕已经降临，可大家谈兴正浓。看看时间不早了，我点出了初衷："今天参加五年级组语文备课我很高兴，我想在五年级组首先开展大家同上一堂课的试验。我们趁热打铁，今天刚刚对《秋天的怀念》做了深入的集体备课，明天你们 5 人同上这一节课，每人根据自己的特点和所在班级学生的特点上出不同的风格。大家各显其能，各展其长，然后互相观摩，互相学习，取长补短，如何？"大家听了我一番话，个个露出跃跃欲试的神情，说："孙校长，您放心吧，我们一定尽最大努力上好这节课。"

第二天，5 位老师分别在本班执教。一位教师执教，本年级其他 4 位语文教师和其他语文组的教师全部到场听课。五（1）班蔡暄老师教得洒脱，紧扣重点词语让学生读读悟悟，尤其是对学生即兴点评十分到位；五（2）班杨夕萍老师教得扎实，读得到位，语文味十分浓厚；五（3）班安颖莹老师教得煽情，她借用了音乐和多媒体视频，在教师动情地范读和描述后，全班同学都流下了感动的泪水；五（4）班黄雅芸老师在导入新课上别出心裁，从孩子们的体验入手，设想如果没有下课铃声，一直让你坐在位子上有什么感受，然后再导入如果一个人一辈子将在轮椅上度过那将是怎样的感受，循着老师的引导，孩子们一个个进入了文章所创设的情境之中；五（6）班徐艳老师从读入手，在读中感知，读中感悟，课上书声琅琅，情意浓浓。5 位老师风格各异，精彩纷呈，给全体语文教师呈上了一道道精美的教学大餐。

本次活动结束后，5 位执教者和其他语文教师一致认为：同课异构这样的教研形式对教师业务成长有真切的帮助，希望同年级组每单元都能开展一次这样的教研活动。

（二）六步"四课"系列化教研程序

这种程序比较适合专题性创新教学研究。（可选择某一侧面或某一专题）

定标（确定研究专题或重点）→备课（包括收集专题性的信息资料）→说课（主讲教师说课，教师集体研讨）→上课（主讲教师上课，教师集体听课）→研课（围绕专题讨论）→结课（对课做出小结，教师写出心得）。如下面这个案例。

课例研究，魅力就在短、平、快

唐山市丰润区平安路小学副校长　尚文宇

周一下午两节课后，是教研活动时间。下班的铃声已经响过了，老师们从三年级教研组里陆续走出来，手里拿着听课记录本，一副满载而归、意犹未尽的样子。工作一天了，大家表情轻松，丝毫看不出疲倦之感。小梁老师对我说："尚校长，像这样的研讨活动应该多搞。"我面带微笑，满意地点了点头。

这就是一节普通的课例分析，为什么这么有吸引力，而受到老师们的欢迎呢？

这次研讨，是对三年级彭老师上午所讲的语文研究课的评课活动。彭老师讲的是冀教版语文第五册《狼和鹿》。本来参加评课活动的只有三年级的老师和校长、主任，但没想到，其他年级组的老师都自发围拢过来，使这个十几平方米的办公室显得十分拥挤。但大家的心都是宽敞无比的，因为这次课例研究活动，最大的特点就是短、平、快。气氛轻松而又严肃认真，大家畅所欲言，民主平等，言者无罪，没有顾虑。而主持这次课例研究的重点是倾听老师们的体会和意见。我针对老师们提出的问题交叉点进行突破式的分析讲解，但也声明这只是我的一家之言，仅供参考，欢迎质疑。纵观这次教研活动，呈现这样几个特点：

一人执教，全组备课。彭老师是从教 10 年的青年骨干教师，积极支持和参加新课改理念研究教学设计，并在课堂教学中认真尝试。为了搞好这次教研活动，组内教师一起研究备课。群策群力，都对这节课倾注了心血。这种对教研的投入是真正发自内心的，这也是在刚刚参加完区级课改观摩课活动之后，带着感悟，带着激情，在本校的互听、互评课活动中小试牛刀。因此，由原来的"要我讲研究课"，改变为"我要讲研究课"。

趁热打铁，讲完就评。下午第二节课以后，人员刚刚到齐，教研组长的主持就开始了。带着听完课的激情，老师们聚到一起，没有绝对的权威，大家都敞开心扉。执教者谈思路，听课者谈感受，对精彩之处，鼓掌喝彩；对不同看法，提出建议；趁热打铁，找到不足；研究对策，达成共识。老师们平时的教育教学任务比较繁重，很少有时间聚在一起搞教研。这种讲完就评的教研方式，简明扼要，不拖泥带水，没有长篇大论，节奏明快，省时省力，特别适合一线教师。大家对教材、对学生情况都很清楚，都是教学的"明白人"。对这节课的评价简明扼要，没有长篇大论，但绝对不失新理念、新方法，而且都讲得头头是道，有板有眼。对于提出的困惑，有的当场就能达成共识。尽管有的观点存在分歧，毕竟解决的办法很多，可以再实践，可以查资料，可以问专家等。

平等互动，思维碰撞。首先是执教者的说课，就执教当中目标的达成情况，预设与生成的课控情况，教学过程的得意之处与遗憾之处，分别进行了介绍。接着就是其他老师以"我说两句"为开头语谈个人的看法和建议，大家都能够开门见山，一分为二，有的就某一方面谈认识。大家边听边记，有时提出不同看法，有时互相补充，总体上是开诚布公的，肯定为主，求同存异。往往一个人的补充使之前的观点进一步深化。有的人在别人的启发下，又萌发了新的想法，使思想的交叉点"火花四溅"，升华了对教学问题的认识。

这种短、平、快的教研活动，特别适合一线教师的教研实际，别看时间不长，但日积月累，能够解决教师们在日常教学中的实际问题。对广大基层教师而言，应该立足于低下头、小步伐的方法。千里之行，始于足下，每天前进一点点，就没有走不完的长征路。教学研究的主体是广大一线教师，只有真正让老师们处于主体地位，才能实现真正的教研效果，其力量是火山爆发式的，无穷无尽。作为学校领导，既要积极引领，更要以平等的身份亲自参与，不能指手画脚。教研活动寓于平时的教学实践当中，随时随地就可以争论，就可以研究，让执教者看到不足，使听课者得到启发。这样，教师的专业成长就会在不知不觉中得到发展。

（三）八步"四课"系列化教研程序

这种教研程序比较适合重点研究课题的教学研究（可选教师普遍关注和困惑的焦点、热点问题）。

选题（确定研究重点）→备课（个人与集体备课，包括收集相关材料及学习理论）→说课（主讲教师说课，教师集体研讨）→上课（主讲教师上课，教师集体听课）→研课（教师集体议课、评课、修改教案）→再上课（主讲教师再次上课，其他教师听课）→再研课（教师集体评课）→结课（对课做总体评价，教师撰写心得）。

具体操作可以这样：学校在学科教研组里，以一名教师或者几名教师的课例研究为中心，围绕某一教学问题，在教研组全体教师的共同参与下，进行"三阶段两反思"的教研活动；每次选取一篇课文，先集体备课，由一位教师执教，其他教师听课，然后集体讨论，修改教学设计，由第二位教师再上课，并再次调整教学设计，最后让第三位教师上课。在这个过程中，全组教师的活动是一种平等的对话，一次融洽的合作，不仅帮助上课教师寻找差距、分析困惑、改变形式，同时也是教研组其他教师互助学习、分享经验、提高教学研究水平的过程。

下面是上海市闵行区华坪小学的做法。

1. 语文教研组"定类研讨"

针对教材内容丰富的学科特点，将不同主题、文化和知识结构的课文进行分类，选择同类课文，进行集体备课；然后，开展"接力棒式"的系列研讨；由第一位教师执教，全组听评课后，由第二位教师上重建课，以此类推，最后摸索出一种课型结构，以使全组教师都得到发展。如四年级语文组在"结构教学课型"的探索中，创造出"独立批注，小组讨论，全班交流"的学习模式；小组讨论的策略是"弱者先说，大家补充，强者概括，代表发言，他组评议"，改变以前那种"只见树叶不见树"的"散点交流"，体现出小组合作的效果。

2. 数学教研组"定人研讨"

该教研组瞄准几个"入行"不久的教师，在培养"二梯队"对象时，带上"三梯队"的对象。具体程序是：第一节课，由"三梯队"教师独立思考，分析教材和学生，写出教案，进班上课；第二节课进行执教者自评，独立反思；第三节课，带"三梯队"教师听"二梯队"教师上同一内容的研讨课；第四节课，先让"三梯队"教师评课，因为这时"三梯队"教师已经有了全程的真切体验与思考，所以谈出来的内容不空洞，有根据，有两节课的比较体会，有改进的设想思路。再由其他教师评课，最后是"一梯队"教师进行全面点评。

3. 英语教研组"定伴研讨"

先由"二、三梯队"教师自己申报上研讨课，然后分成三个结伴小组，各小组都有一位较成熟的教师带领一位"三梯队"教师介入，进行互助研讨。之所以采用这样方式，主要原因是英语组教师教学经验差异很大，整体实力较弱，为了鼓励他们的信心，校领导、科研室主任一起参加了他们的教研活动，对主动申请者予以鼓励，其他老师也表示，愿意上"先行课"，为同伴的成功当当"靶子"。经过细致的策划、研讨课上出了效果，不同梯队的教师都有了明显的进步。

（选自《人民教育》2006.1.8）

一项教研活动搞得好，不仅要有一种好的方法和模式，还要认真地去组织。

1. 抓住活动本质，突出一个"研"字

目前在一些学校的教研活动中，存在着"只教不研"或"少研"或"以教代研"或"研而离教"等诸多"教""研"脱节现象。究其原因，一是教研未能恰当地抓住合理的切入点，二是没有一种恰当合理的教研活动模式。为此开展"四课"系列化教研活动就应克服教、研脱节现象。要紧紧抓住广大一线教师最关心的教材教法学法这个切入点来研讨。突出一个"研"字，从而提高教研活动实效性。

2. 抓住计划措施落实，突出一个"实"字

开展"四课"系列化教研活动必须要做好计划，落实措施，争取做到"三定、四有"。"三定"：①定时间和地点。就一般情况来说，交流教案 15 分钟左右，说课 30 分钟左右，讲课 40 或 45 分钟，评课 60 分钟左右，研课根据需要可长可短。②定教学内容和执教者。③定研究专题和中心发言人。"四有"：①有教案。②有执教者说课材料。③有中心发言人专题研究材料。④有教研活动全过程文字记录。

3. 抓主要人物，突出一个"优"字

"四课"系列化教研活动组织得如何，还要看三个主要人物抓得准不准：一是执教者，既要备好课，又要说好课，还要上好课，责任重大；二是中心发言人，因为专题研究中发言人水平的高低，直接影响着参加活动教师们的效益，所以选择的人应是在教学理论、教学经验上有一套，又善于学习、掌握新的教改信息的优秀教师；三是教研活动的组织者，这个人应是责任心较强，有一定的组织能力，善于启发引导教师们全身心地参与其中。教研活动时能抓住这三个主要人物，就能达到预想的教研效果。

研修策划

有效磨课要抓住六个要素

一、抓难点或热点问题研究

磨课拒绝"大杂烩"和急功近利。为了让磨课更好地发挥作用，磨课不能面面俱到，每次磨课应该有一定的侧重点。即每次磨课有相应的突破点，如侧重对教学理念和教学设计的打磨，如对小组合作学习的打磨，如对导学案设计使用的打磨，如对多媒体课件的打磨，如对教学语言的打磨等。总之要打磨一堂精致又精彩的课，其中所要打磨的方方面面还有很多，而且更需要教师的集体智慧。当然这些选题不应贪大，应尽可能以小的角度研究大的问题。并围绕选题制订一个切实可行的活动计划。

如有位教师说："上课我一直不知道该怎么教学生自主学习，特别是公开课，总是急匆匆走流程。这次上课总算有了深切的体会，这也归功于生本理念。每一个细节我都站在学生的角度去想了。比如课文第二自然段，初读文本，我觉得只要让学生弄清丹顶鹤美在一身洁白的羽毛和头顶的鲜红就可以了，但初次试上下来，出现很多问题，学生并没有真正感受到丹顶鹤的美，导致后面的内容也很难弄懂。我们考虑学生太少了。

"再读文本，我以学生为中心，先让学生带着问题读课文，把课文内化为自己的语言，从文字上初步感知丹顶鹤的美，来自一身洁白的羽毛和头顶的鲜红等，然后帮助学生抓住关键词，从细小处挖掘。比如'洁白'，先弄清'洁白'的意思，再想象白得像什么，然后看图，学生自然而然就体会到丹顶鹤'洁白'的美了，朗读也水到渠成了。以下几部分内容的方法大同小异，虽然这堂课毫无新颖处，也存在着许多不足之处，但对于我来说是一个突破吧。希望它成为我前进路上的一个新的起点。磨一堂课总是会收获很多，这堂课最大的收获就是要解读文本。刚开始我是拿了别人的教案来上的，没有好好研读文本，所以第一次试上，效果很不理想。面对这样的结果，我静下心研读文本，发现整篇课文都是围绕'美丽'展开的，有了总方向，好多问题都迎刃而解了，经过一次次地修改，一次次的试上，效果也一次次好转。"

二、抓阅读与观念转变

为什么有些磨课成效不大，常常出现"萝卜炖萝卜还是萝卜"现象呢？这与磨课活动缺少阅读研讨和观念转变有一定关系。教学思想是一种教学生产力。教师教学思想能走多远，决定了课能走多远。思想新，方法才新；思想落后，方法必然落后。所以每次磨课研修活动必须注重阅读、研讨和观念转变问题。

让教师学会与理论对话。校本研修要避免盲目，需要有理论的高位引领。教师与理论的对话包括与文本、与有经验教师、与教研员、与课程论和教学论专家的对话，其实质是实践与理论的对话。教师的理论学习应当以学校推荐与教师自选相结合，个体研读与群体研讨相结合的方式展开，关键是要培养教师善于思考与反思。教师在反复研读、理解、内化的基础上，勇于亮出心中的假设，将内隐的经验与想法完全展现出来；将理论融入通俗易懂的教学案例、生动有趣的活动，向全体教师宣讲，共享理论学习的成果。

三、抓有效备课优化教学设计

同一个终点，路却有千万条，教师每天拿着同一版本的教材、同一版本的课程标准，完成同样的教学任务，可是为学生铺设的路不同，目标的达成效果也就千差万别。原因何在？教学设计能力不同。教学设计是一种智慧，设计是一种创新，设计是一种艺术。同理，教师设计一节课也极为重要，设计得巧妙与否，直接关系到课堂教学的简与繁、易与难、顺畅与阻塞、生动与枯燥。

所以磨课一定抓深度备课和优化教学设计这个关键。有人错误地认为，既然课堂是生成的，课程改革后应该简化备课，甚至不要备课。没有备课时的全面考虑与周密设计，哪有课堂上的有效引导与动态生成；没有上课前的胸有成竹，哪有课堂中的游刃有余。

整个磨课过程，我们全体研修成员精诚团结，人人参与，积极行动。从磨课开始之日起就积极准备，严格按照"三次备课、两轮打磨"的操作方案执行，上课—观课—评课—议课—反思—总结，各个环节认真操作，有序开展。赵桂芳老师认真钻研、谦虚好学，上出了一堂精彩课；张建国老师精益求精，写出了一篇篇高质量的文章；其余各位老师总是准时而高质量地完成作业。整个磨课环节中，教师们都付出了艰辛的努力，每个人的认真、敬业、独到的见解无时无刻不让我们感动。

有人说，好课是"磨"出来的，我想是很有道理的。在磨课的时候，一般的做法是先让执教者自主设计一种教法，第一次试教后，执讲者要对自己本轮磨课进行反思，听课者进行讨论。我们组要求听课者把发言的中心定在"如果我来教，我会如何教"上，各种教法一一亮相，找出本轮磨课中的教学"亮点"，认真分析，进一步完善，促进教师开课的信心和热情，营造和谐的教研氛围；也可以让其他教师抱着"找刺"的心理，满腔热忱地帮助同人指出毛病，良药苦口利于"行"，分析原因，找出对策，以促使执教者开拓思路，诱发智慧，促进反思，改进教学行动。执教者再次从上课的各个环节进行反思和自我诊断，吸取各方意见，把别人的教育经验内化为自己的教学行为，在不断的磨炼中，教师自然会深切地感悟到要上出一堂好课应该考虑到的各种因素。如此反复下去，何愁教学水平和教学智慧得不到提升呢？

四、抓听课评课同伴互助

名师窦桂梅老师说："八年前参加全国教学比赛前'练课'的情景，至今我还记忆犹新。我试教二年级的《初冬》。课后，11位专家把我这只麻雀解剖得体无完肤；无论是教态、声调、组织教学的能力，还是对教材的挖掘等，都存在着严重缺陷。又是整整一个下午，在学校的那间小会议室中，我蜷缩在沙发的一角，接受'批评'。坐在回家的公共汽车上，眼望着窗外闪过的一排排杨树，好像它们因我的不可爱都要离我而去，不争气的泪水，直在眼眶中打转，我多么痛恨自己的没出息……但最终，我成功了，手捧金灿灿的奖杯，浮上心头的都是那一次次被挑剔、被指责的画面——这是多么让我刻骨铭心，但又值得珍藏的经历啊！"从窦桂梅老师的成长和体会中，我们看到，公开课上的语言虽然会刺痛教师的神经，但它正是一种智慧。痛苦的是磨课的辛苦与煎熬，快乐的是教学理念的一次次更新，是教学水平的一次次提升。在这一次次的指导、批评、表扬、挑剔中铸就了一个个名师。

做课、听课、评课是磨课中艰苦的反复修正的一个过程。在评课时每个人都应坦诚相待，相互评议，相互学习，相互交换意见、心得、体会，从不同的角度来分析这一堂课。要求做到成绩说透、缺点不漏、方法给够；采用对话式、体验式、互动式评课方式，实事求是，对课不对人。实事求是，就是以课堂的真实情况为基础，不以道听途说为依据，不带感情因素，不分亲疏厚薄，不轻易下结论；就课说课，对事不对人，不随意拔高，更不能攻其一点，不及其余，不把对课的评价和对这个人的评价"扯"在一起。做课者亦勇敢接受建议。

研讨是"智者的交流"。研讨过程是教师们思维的碰撞，如何避免"智者的阐释"，形成"智者的交流"？听时，尊重言者，真心融入，相信每位教师的发言都是有道理的，不轻易打断对方。关注说者思维的实际过程，辨清所述问题生成原因，认识所有与之相关的因素（记录、思考，捕捉灵感和推敲语言背后的意义）。议时，避免"霸权"、论述和评价式的回应，要敞开心扉，说出内心深处最真实的想法和看法，积极思考、记录，分享经验和智慧，在各自经验和智慧的柔性碰撞中生成真知灼见。

五、抓课后反思

课后展开"研讨式"评课对教师的成长有很大的帮助，评课的第一环节少不了教师自评，在授课结束后，授课教师本人面对同行和专家评述自己的教学。自评的内容包括对教材的分析，对教法、学法、教学程序的设计与实施情况的分析以及对教学中的亮点与不足之处的评价等。

课后评价更少不了互评，在教师自评的基础上，教师进行互评，集中反馈，这种多向信息交流，为教师提供了更多改进教学、全面发展的方法与策略。互评中教师对所听的课进行分析整理、客观评议以及剖析和研究，针对不足之处一起寻找解决问题的办法，提出合理的修改建议……与执教老师交流、切磋、互评的过程，又是评课教师相互学习吸纳、借鉴反思、提升专业素养的过程。

一名教师，不在于教了多少年，而在于用心教了多少年。磨课的核心是要提升和超越，那么，怎样才能实现一次又一次的提升和超越呢？这依赖于所有参与磨课教师的思考，尤其是执教者的思考。一名教师仅仅满足于获得经验而不对经验进行深入思考，那么即使有 20 年的教学经验，也只是一年工作的 20 次重复。

否定自己是痛苦的，但是有时只有敢于否定自己，才有可能超越自己，创造一个崭新的自己。有位老师说："从选课、备课、制作课件到最后一轮又一轮的磨课，让我真切地体会到一堂好课真的是来之不易呀！教学设计写了有十几份，为了设计好一个教学环节，我写了改，改了写，一晚上坐在书桌前反复思考，经常加班至深夜，这里面的苦与乐只有自己知道。虽然过程是漫长的、艰辛的，但它将会成为我教学生涯中一份不可磨灭的珍贵记忆。"

想：反思的过程，反思是一种追问（教师成长 = 经验 + 反思）

通常，教学反思要进行"五思"：

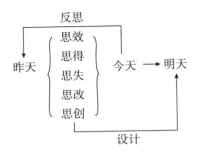

一思所效，教学效果如何？

二思所得，教学的收获是什么？

三思所失，教学失误在哪里？

四思所改，如何去改进？这是从对昨天的总结反思，想到今后的做法。

五思所创，教学中有哪些创新之处？摸索出了哪些教育规律？

在磨课中，先通过自己的学习，吸取精华，加以改造，灵活运用于该课教学及教研之中；对自己的说课、讲课认真回忆、思考，向大家简析自己该课教学的优点和缺点；对某些重要问题做简要说明，提出某些问题请大家讨论，并虚心听取参与教师的评议；对参与教师提出的问题和意见做必要的解释，要做好记录，发现失误，吸取教训，避免重蹈覆辙。

六、不能迷失自己

不能迷失自己。一位老师，晚上 10 点半给于老师打电话，说出自己的烦恼："我不会备课了，请您定路子。"于老师很明确地指出："就按照你平日上课的路子来上，扎扎实实，不要任何花架子，不要受临沭复习课的影响，他们上的是复习课，你上的是练习课。记住，你只要上出你自己的风格就好。"于老师的几句话犹如醍醐灌顶，让这位老师豁然开朗，对，就按照自己平日的路子上，不学任何人。

心里踏实了，这位老师从头开始备课，晚上 11 点半，课已经备好了，把设计意图写给同事，请他帮忙做幻灯片。

集体磨课，集中了大家的智慧，但是不能迷失自己。

第六章
听课评课校本研修策划

学校发展在教师，教学成功在课堂。听课评课，是研究、指导、监测、检查课堂最直接、最实际、最有效的方法。通过听课评课，教师的课堂会得到改进和成长。领导可通过听课及时发现教师教学中的成就和特点以及存在的主要问题，并给予指导、督促和检查。因此，抓好听课评课校本研修至关重要。

 **案例分享**

走进课堂，评得出名堂

清华附小校长　窦桂梅

在谈到评课时，我们常有这样的感慨——有时，评课人说得口干舌燥，最终的效果却是"萝卜炖萝卜——于事无补"。真正的评课应该是"专业引领"下的"萝卜炖肉"，给予教师真正超越他原有水平的营养。所以，必须打破低效的平行对话的局限，在更广阔、更宽松的学术空间内，建立志同道合的"引领"关系。

于是，每一个教学干部，首先要建立一种思维方式，站在被评课人的角度想问题，不是听了就评，信口开河，而是应该想清楚，你要评课的这位老师身上最需要的是什么，你评的重点是什么；其次，在评课中要拿出自己的"绝活"，评课不能仅仅停留在用"耳"听、用"笔"记、用"嘴"说的流程中，它应该是专业上的引领与带动，让教师感觉到你的确有水平，既能有一双慧眼发现该教师教学的亮点，又能锐利指出其存在的缺点，并能够准确地解剖盲点。

有些时候，我们需要拿出权威的姿态，学术尊严不等于领导威严，应当明辨是非真伪。教学引领者必须做出价值判断，但是不能把"评课"当作权力或者威力的释放，对于不同的情况需要摆出不同的姿态。过去我们看到教师恭恭敬敬拿着小本听你的"判决"，如果这种恭敬是出于对你的敬重或认同还好，如果是因为惧怕你的权力而表现出的假象，那么也许这评课背后的良苦用心也就付诸东流了。因此，教学引领者（管理者）千万不要把自己当作"行政领导"，尤其是教学干部，绝不能用行政推动你的教学管理。教学管理者要把你所谓的"干部"身份尽量"躲到教师后面去"。

另外，教学管理者必须谋求更多的教师参与你的评课，这个时候你是评课的首席，也是重要的主持人——把评课当作合作多赢的平台，组织那些有才华的教师参与评课，并有评课记录，让其发挥最大的作用，给教师们提供更多的分享。而在他们需要挽扶、引领的时候，你要把你的专业水平拿出来，于是就会有更多的教师获得思考之上的提升、分享之后的超越。这个时候，评课就成了一门带动教师专业成长的艺术，教师的才华在这样的评课中释放、撞击，渐渐就发展成了属于自己的教学艺术。

关于评课，要说的内容太多了，比如教态、内容、方法、目标等。但是对于教学中，参差多态，以不同的方式和形式出现的课，随之而来的评课却常常流于形式，有的是在设计好的表格上打个分，草草了事；有的是表扬为主，做好好先生；还有的是被动发言，敷衍了事……这些现象在我们的评课中可能很多人都碰到过。试想，如果评课只说些正确的废话，那评课还有什么意义呢？有些时候，所谓的讨好鼓励，其实是不负责任的表现。

既然"评课"要围绕听到的课堂信息提出问题、发表意见。那么，"评"的过程就应当是参与者围绕共同的话题展开对话、平等交流的过程。虽然有"主""从"之分，但"评"要超越"领导说了算"的局限，努力改变教师在评课活动中的"被评"地位和失语状态。让授课者说话，评课者才能更加充分地理解授课者教学设计中的良苦用心，评课才更能点中要害。

多年来，从未离开一线的我，觉得领导的评课，就是为了让人更好地改进教学，而不是成心找你的"碴儿"。课堂教学终究是自己的事情，有人帮助你那是天大的好事。实际上，一堂课出来了，就好比一本小说发表了，作家是谁读者常常并不在意，而在意的是小说的内容。我们听课教师，就好比那些小说评论家，借着这节课这个作品，开始"文学批评"。批评家批评的是小说，我们评的是这堂课。于是在批评中，上课教师这个"人"本身就模糊了，所有的听课者，都是在课堂内容上品评玩味，获得教育与收获的，与教师这个人没有关系。

可往往有的教师分不清课与人的界限，总是把对课的评价和对自己这个人的评价"扯"在一起。评课者呢，也容易把两者混淆。当然，保护自己、掩饰缺点几乎是每一个人的天性。于是，在正视人的弱点、尊重人的天性的情况下，评课者要出于"真诚"，同时尽量做到"义正词婉""理直气和"。不过，教师的性格差异，决定了不同的教师也要不同对待，有的教师可以下"猛药"，有的就要小心轻放。不管怎样，你一定要让教师感受到，你是在帮助他（她）、发展他（她）。

我在学校，有一个特点，就是评课的时间有时比教师上课的时间还长。可以说几年来，教师们对我的评课是喜欢的、信服的，而且在我毫不客气地指出问题时，他们都是很高兴地接受的。关键是我给教师树立了一个重要的观念，评课不仅仅是批评，更不是无谓的赞美，评课就是发现课堂问题。而且要告诉教师，"问题是我们的朋友"，评课的重要目的就是正视问题和发现不足，这才有助于我们找到前进的方向和目标。所以说，对于评课，你有什么样的素养，就会传递什么样的评课水平；有什么样的体验，就会传递什么样的教学经验。评课时，一定要"缺点不漏，优点说透，方法给够"，传递真实的心声、真正的水平，告诉教师怎么做还会更好，以至于他们能心服口服接受你的观点。

 问题分析

用听课评课诊断、评价、指导、研究课堂

"走进课堂，评得出名堂"，窦桂梅校长真正实现了用听课评课诊断、评价、指导、研究、引领课堂。因此她抓住了学校工作的根本。苏霍姆林斯基说："一个有经验的校长，他所注意和关注的中心问题，就是课堂教学，经验使我深信，听课和分析课——这是校长最重要的工作，经常听课的校长才能真正了解学校的情况。如果偶然想起来才去听几节课，老是忙于开会和操心其他事务使你走不进教室，不接触教师和学生，那么校长的其他工作都失掉了意义，开会等的事就会

一钱不值。"

看似平常，却并不平常的课堂教学蕴含着诸多的教学规律。学与教、主体与主导、学做人与学知识、学知识与开发潜能、统一要求与因材施教……都在课堂教学中引出，又在课堂教学中展开运行。它以何种形式来组合，又以何种形式来优化？不同的选择就可能带来不同的效果。所以，校本研修必须要聚焦课堂，走进课堂。

一、什么是听课评课

听课是一种对课堂进行仔细观察分析的活动，这里的听课并不意味听课者仅仅是听，而是在听课过程中，以观察为核心，伴随看、听、想、问、测多种活动。所以听课也叫看课。

评课是听课者对课堂教学做出分析诊断和对执教者做中肯的交流，包括优缺点列摆、原因分析、提出建议等。

有人主张把听课评课改为观课议课，其实大可不必。听课评课是我们多少年来广大教育工作者约定俗成的"以观察为核心，伴随看、听、想、问、测"特指概念。估计每一个听课者走进教室都不会把眼睛有意蒙上，单纯地靠耳朵去听课。在学校里每一个评课者也不会单一在"评课"，而不是在"议课"。如果非要在文字上这样死抠，有什么意义呢？

大道至简。真传一句话，假传万卷书。简单是高级形式的复杂，越是高级的东西越是简单。外在形式越简单的东西，智慧含量越高，因为它已经不再依赖于形式了，必须依靠智慧。如果把"听课评课"改为"观课议课"，看似深奥了，但反倒让教师和校长们更费解了，就会让人觉得"意在近而求诸远，事本简而索诸繁"了。

二、当前评课误区

1. 重听轻评

听得多，评得少，这是普遍存在的一个问题。有些学校领导课听了不少，但是没有及时组织有关人员进行评议，自己也没有及时同教师交换意见。当然，听课并非都要听一节评一节，但对于大多数的课能评则要评，能交换意见就要交换意见。如果该评的课不评，一方面执教者心里没底；另一方面评课的作用没得到发挥，听课也就失去了意义。

2. 敷衍了事

有的课评了，但是碍于情面，评课敷衍了事，走过场，不说好，不说坏，免得惹人怪。评课大部分是虚假的评议，只唱赞歌，不讲缺点。评议会上，经常是发言只有三五人，评议只有三言两语，评课冷冷清清。

3. 平淡肤浅

有的听课者听了一节课后，看不出什么问题，笔记上没写什么，只是笼统地认为"这节课教得不错"，或者说"这堂课教得很差"。有的评课者虽提了不少意见，但多半是枝节问题，教者板书如何、声音大小、教态、拿教鞭的姿势、图表悬挂的高低等。总之，评议平淡肤浅，泛泛而谈，触及不到关键问题，难怪有些教师感叹这样的评议没意思。

4. 面面俱到

对一节课的评议应该从整体上去分析评价，但绝不是不分轻重、主次，而需要有所侧重。即根据每一次的听课目的和课型，以及学科特点突出重点。但实践中有些评课面面俱到，泛泛而谈，难以突破重点。

5. 参评面窄

评议会上评得少，看得多。为了避免冷场，组织者只好指名道姓发言，而点的多是校长、教导主任、教研组长和个别骨干教师。由于发言面不广，且大多属于被动发言，因此，评课场面冷清，难以形成各抒己见、畅所欲言的热烈气氛。不发言不等于没有见解，这种评议就造成一部分人当面不讨论，背后乱议论，还有的会上唱赞歌，会后乱"嘀咕"，结果把执教者弄得无所适从。

6. 以偏概全

还有一种倾向，评课时只评教师的一两节课，不评教师系统课，这如管中窥豹，很难做出全面评价。常见的做法是，第一节听语文，第二节听数学，第三节听外语，这种走马观花的做法，无论是多么有经验的专家，也难以提出中肯意见。

7. 评"新"弃"旧"

眼下冠以"新方法""新结构""新课型"的课多起来了，对人们的确有些吸引力。而传统的东西，似乎就是"落后""过时"的代名词。于是，凡是有"新"东西的地方就门庭若市，评课时认认真真，而对传统的东西不屑一顾。显然这也是不妥当的。

研修策划

怎样有效听课评课

一、怎样有效看课

一节课很短暂，怎样有效看一节课，应该做好这样几件事。

（一）听课前准备

即听课前，熟悉课标、教材，带着问题和体验走进课堂。

（二）关注教学目标与教学重点、难点

首先问自己：这节课讲什么，教材有什么特点？这节课的教学目标应该是什么？这节课的重点在哪里，难点是什么？由此考虑看什么、听什么、想什么、记什么。

（三）注意课的整体和局部两个层面

总体—局部—整体—细节，粗略地了解整体课堂纪实，一节课的整体内容与时间的安排是否合理，是否有前松后紧或前紧后松；善于捕捉有价值的局部和细节，如师生最精彩的场景，教师遗憾的失误之处。

（四）不同听课对象不同侧重点

①新教师重点看是否达标；②一般教师可以重点看教学任务完成；③骨干教师重点看创新；④名家的课，着重领略其教学风格及其相应的学术思想在课堂的体现。

（五）关注师生有效活动

对师生活动做出定量统计：①教学环节的时间安排；②教师活动与学生活动时间安排；③学生个人与集体活动时间安排；④优差生活动时间安排；⑤非教学时间；⑥学生的参与度、思维度、情绪度、效果度。

（六）注意抓教师的特点和风格

给自己一个任务，每次听课必须发现一个亮点，找出一处失误。

（七）以观察为核心：看、听、想、问、测

课堂观察，看、听、想、问、测是个整体，不能简单地分割。五个动作间相

互联系构成观察的整体，即看连着听，听也连着看；看了、听了通常会引发想；想是思考的反映，想的结果又会激发出问；问是想的深化，问是为了更好地想。

即听者不仅是运用耳朵来听，更多的是要运用多种感官来收集课堂信息，主要通过眼睛的观察，关注师生的语言和行动，关注课堂的情境与故事，关注师生的精神与状态；用心去感受课堂、体悟课堂，从课例真实的教学状况和事件中找出问题，去分析和讨论产生的原因，寻找出可能的解决之道，以及预测可能的行为结果。

听课找到品茶的感觉。像喝茶一样来品味执教者的课，只有细细地品味，才能真正地品出学科味道，品出教师的教学智慧，品出学生的灵动思维，品出课堂的文化。即真正从一堂课中去汲取营养，从而补充到自己的"血液"中。

（八）听课要学真经

怎样才能学到真经？教师普遍希望拿过来就用，学了一招一式，但没学到规律，让教师写一点东西也很不像样；有的教师觉得名师的课看着好，但学不来，或者兜圈子，学一阵子又回到原点。只重视"形"的学习，忽略"神"的学习，没有悟到真谛，学的是皮毛。

（九）有效听课提倡写课

所谓"写课"，就是把听课评课的感悟写下来。写课不是简单的口头议论，而是对话、反思与梳理的综合过程。如果说评课是感性认识，那么写出来就是理性认识。说话和写作都是表达，但是，口头评课，带有随意性、不确定性；写课，却能将散乱的评课组织化、条理化为显性经验。

二、怎样有效评课

盲目看十节，不如认真评一节。看课是感性认识，评课是理性认识。学识与真诚同在，方法与智慧共存——评课是一门艺术。

（一）评课原则

评课是一种说服的艺术。说服，就是求和谐、求愉快、求发展。说服是一种技巧，说服是一种智慧。善于说服别人，首先应善于说服自己。充分尊重别人，是说服别人的心理基础；以理服人，是让人心悦诚服的保证。

1. 实事求是原则

实事求是就是要客观公正，不夹杂感情因素，不分厚薄亲疏，通用一把尺子、一个衡量标准。校长听课后，教师都期待给予中肯的评价。评课的过程，既是校长与教师共同探讨研究教学方法的机会，也是校长指导教学、培训教师的课堂。校长听课和评课，不应以领导者、检查者自居，特别不能将一节课简单地分成几条优点和缺点，把自己的观点强加给教师，而应与教师平等地共同探讨课堂教学中的规律性，找出难点，一起出主意、想办法。

2. 坦率诚恳原则

一般来说，多数执教者都希望别人为自己的课做出评价，提出指导性意见。所以评课者应及时地、坦率地同执教教师交换意见。所谓坦率诚恳就是对课的长处一定要充分肯定，看准了问题，一定要明确地提出来，不能含含糊糊，一味"好、好、好"，无根据地唱颂歌；对缺点和不足，也不应顾及面子，遮遮掩掩，要直截了当地指出，成绩要说够，缺点要说透。

评课时要考虑教师心理承受力，对年长和心理承受力弱的教师应含蓄、客气一些；对年轻而心理承受力强的教师可坦率直爽一些。评议也要抓住时机，通常听后就评为好，最长不能超过一周，时间长了，时过境迁，评者、教者印象都会淡化，影响评课效果。

3. 兼顾整体原则

通常，在分析课堂教学时会出现两种倾向：一是只注意到了一节课的整体分析，而忽略对局部的分析；二是脱离整体，孤立地对局部进行评价，如孤立地评价教学手段而忽略教学效果的考查，孤立地看待考试结果而忽略对教学过程的考查等。因此评课者应注意树立整体意识，坚持在评课中把点和面、局部和整体结合起来。

评价一名教师课的好与坏，既要看当前所听的课，还要看平时的课。既要看上课，还要看教学成绩。要避免看一两节课，就给教师教学水平下结论的片面做法，要做到全面分析，整体评价。

4. 激励性原则

所谓激励，就是教研员利用某种因素激发教师内部产生某种需要，评课者科学的艺术性的评课能激发教师钻研教材、研究教法的积极性。对于一些中青年教师，如有几次成功的课得到恰当适时的鼓励和评价，可能是使他们后来成为教学明星和能手的直接动力因素。运用激励的导向，可以达到：听一堂课促进多堂课，听一个人的课激励一批人的课，听一门学科的课推动多门学科的课。

不追求完善而找亮点。现在有些公开课失真，是某些领导和专家逼出来的。他们对公开课要求过高，在理想尺度指挥下，总能挑出毛病来。这也就从某种程度上造成了失真教学的后果。我们知道，教学永远是一门遗憾的艺术，一位教师不管教学能力多么强，课堂总会有缺憾的地方。所以听课评课对教师存在的明显问题，必须提出改进要求和建议，但不宜过多地求全责备。也就是说，对教师的课我们首先要有新的发现这一层面，而不是把主要精力放在挑毛病、找差距上，或让教师感觉一无是处，或给教师的感觉是这也不对，那也不行，无所适从。这样反而会使教师丧失提高的信心，乃至很难积极地去研究学生、改进教法。

两年前，一位获得公开课一等奖的领奖者，在领奖时说了一句话："这节课是我上的，但课堂上没有一句话是我说的。"他说他的教案写出来后，在学校教研组讨论时，被砍了一半，到县里又被砍了一半，剩下的一半到市里也被砍了一些，最后到省里更被砍得精光了，然后才到全国来参赛。所以，"课是我上的，话没一句是我说的"。他当时就说他是一个道具。显然，这样的课不能代表教师的真实水平，这种评课对教师帮助不大，这也启示我们：听课评课应掌握尺度，而不能越位。

5. 差异性原则

被评的教师情况不同，对课堂的要求不同，评课的侧重点也应有所不同。例如，针对下面不同层次的教师，评课就应各有侧重。

（1）对已初步形成自己教学特点的"尖子"教师要求就要高一些，不只是把课讲明白，还应侧重对他们教学中的擅长之处及独到见解，做一些比较鲜明、突出的分析和概括，并加以提炼和升华，鼓励他们进一步发挥自己的特长，形成自己的风格和特色。

（2）对一些能胜任本学科教学任务的教师，应侧重在改革课堂教学结构、改革教法上多做评议，在如何根据教材的内容设计教法、指导学法以及运用多种教学手段揭示规律等方面，有意识地多发现、多指导、多帮助，进而总结提高。

（3）对一般教师，应根据教学的基本功要求，全面评议。力求让他们逐步达到这些要求，并针对他们某一方面或几方面的薄弱之处，有侧重地加以点拨、指导。

（4）对任教有困难的教师，评课时的侧重点则应放在教学目标要求是否明确、集中；教学重点、难点是否把握、讲解得清楚、正确、有条理；讲练是否结合等一些课堂教学的主要方面。

（5）对新教师应着重指导他们逐步达到上课的基本要求。在评课时首先抓好三条：一是目标要明确，不含糊笼统；二是讲课有重点，讲解清楚，不讲错讲偏；三是注意课堂练习。

（二）评课的几种形式

由于每次听课评课的目的不同，执教者水平又各异，评课的形式也是多种多样的。通常，评课形式有以下几种。

1. 个别交谈式

这种形式是在听课人数较少的情况下所采取的，也有在集体听课后，觉得某些问题不便在众人的公开场合谈，而采取个别交谈的方法。这种方法是由一两个评课者与任课教师个别交谈，先由执教者比较详细地谈谈自己的教学设计，然后由评课者交换对课的看法和建议。在交换过程中允许执教者插话申辩个人观点和理由。评课者切记，在不了解教师真实想法以前决不要轻易盲目点评。

个别交谈式的评议有很多好处。首先，这是朋友式的平等交谈，容易建立宽松和谐的谈话气氛，可以开诚布公地交换意见，因没有更多人的参与，评课者提出的问题，不会使执教者在众人面前失去面子，因此容易被接受；其次，时间充足，容易敞开话题，因为人数少，交谈机会多，探讨问题比较深入；再次，由于面对面的交谈，信息及时反馈，便于准确深入地把握各种活动情况，防止评课者对课的看法上的片面理解。但它的缺点是局限于少数人的智慧。

个别交谈法比较受教师欢迎，应该是经常采用的一种形式。

2. 集中讨论式

这种形式多适用于公开课、实验课和观摩课。通常，这种课听课人数比较多，有领导、有教师，有时还有外校的同行，乃至上级行政领导和教研人员。

这种评课有时以教研组或年级组为单位，有时也以更大的单位组织评议。以教研组、年级组为单位的评议会，由教研组长或年级组长主持，领导作为平等的普通一员参加。这种评议形式比较活泼自然，也容易深入。

以学校为单位的评议，往往是由一位有经验的教导主任主持，有时也可由主管教学的校长主持，但是无论谁主持都应该努力创造一个宽松自然的评论气氛。在分析研究课时，一定要请教研组长参加，必要时也可在小范围内先研究个初步意见，然后再进一步讨论。

评课程序可以采取下面的步骤：第一步，执教者介绍自己教学方案设计的意图及对教学目的、教材的认识和选择教学方法的依据；第二步，执评者根据听课的情况以及执教者的介绍，发表各自的看法，进行充分的讨论；第三步，由较权威的领导或教研员综合大家意见，对课做一个基本评价，评价应切切实实归纳出几条值得借鉴的成功经验和若干必须注意的有关问题，增强大家对这堂课的总体印象。

集体评议，主持人的主持工作很重要，应适时地归纳、启发和引导，努力创造一个和谐的气氛。一要少做结论，多做探讨，发扬民主，集思广益；二要营造一个争鸣气氛，使参评者都能知无不言，言无不尽。不要强求意见统一，尤其可允许执教者对别人的评课申辩个人观点和理由。

3. 书面评议式

面对面的交流或座谈固然是一种好办法，但也有一定的不足。一是时间紧迫，参加座谈的人集中起来一次较困难，有时因时间短促来不及详细评论；二是对课缺少充分的咀嚼或者碍于情面，也会影响评议效果。如果能够用书面评论的方法，可以克服以上不足。书面评议法由主持人限制在一定时间内，让每个听课者写出一份书面评析材料。如在本校则可将其张贴在教研园地中，或通过黑板报把听课中发现的好的教学方法及时向教师们做介绍，达到互相借鉴学习的目的。倘若是在乡镇以上单位，可以集中执评者书面材料意见，由主管单位领导"梳辫子"，印成综合评课材料，转发给与会者、授课者。或者发在网站上，让大家在网上查看。

书面评议有很多好处，由于听课者经过深思熟虑形成的意见，见解说得更透彻、更中肯，态度上也比较开诚布公；另外，这也是个很好的总结，使之形成规律，升华为教学理论的高度。

当然要想达到上面的要求，主持人必须严格要求每个评课者真正动一番脑筋。一是要把听课的情况做认真回忆和整理，二是要切实用教学理论来进行分析判断，得出正确的结论，防止草率从事。

4. 师生互评式

师生互评式，即评教评学的过程，是由师生共同参加的一种评课形式。这种评课形式，既要由教者谈课堂教学的实践，发现学生在学习上（从态度、方法到知识的掌握）的积极因素予以肯定，发现不良倾向予以疏导；更要由学生结合自己的学习，对教师的讲课加以评论，针对学生的评论，教师应该视情况予以启发和引导，以保证评论的质量。

这种形式的优点在于及时把握反馈信息，增加学生的主体意识，体现教学民主。但由于带有一定的随意性，故不可多用。运用时不可完全听其自然，应该加以必要的引导。

5. 抽签答辩式

这是以抽签形式选出几名评课者登台评课，然后由教育行政部门和业务部门组成评委，当场打分。答辩的内容分必答题、抽答题和评委提出的即兴题。在教师答辩前也可以先请教研部的同志进行评课、示范。这种评课方法是把教学、评估、管理、经验交流融为一体，形式新、触及深，也是互相学习、互相竞争的经验交流会、研讨会。它有以下几点好处：

（1）有利于真实地了解学校指挥系统状况，便于检查和考核教学管理水平。

（2）有利于引入竞争、督促、激励机制，加强学校管理能力。

（3）有利于推广先进典型和发现薄弱环节。

6. 自我评议式

自我评议就是教者课后做总结与反思，包括广泛听取评课者意见等。通常，有经验的教师，对自己的课堂教学效果，通过感觉能够做出一个初步的自我评估。如有位老师就做过这样的总结：

（1）如同处于最佳竞技状态的运动员等着上场，如同创作激情冲动的作家寻纸找笔，自己盼着走进教室，将周密准备的一节课献给学生，有种炽烈的"表现欲"。

（2）对教材了如指掌，烂熟于胸，除常规备课外，自己对本段教材内容还做过特殊加工或研究，或开过讲座，或写过文章。对教材的处理，既把握了全局，又捉住了精髓，自己感觉到有一种居高临下的态势。

（3）课堂上轻松自如，不仅按照精心设计的教案环环相接、丝丝入扣地步步向前推进，而且讲授中常常忽有"神来之悟"，仿佛文章中的"神来之笔"一般，将原教案点石成金，自己有一种得到升华的感觉。

（4）学生与教师产生"共鸣"，如沐春风，聚精会神。明显地感到学生们跟随着自己的思路，翻山涉水，走向目的地。

（5）一下课就有学生围拢来，问这问那，自己亦很乐意继续讨论下去，似乎仍处于兴奋之中。

（6）学生们课后的作业令人满意。

对一节课能有这 6 种感觉，虽不能说这节课上得有多精彩，但至少是成功的。

作为教师，上完一节课，尤其是在有人听课、评教时候，应抓住时机，探究自己课堂教学的得失，做个简要的整理，归纳并记录下来。这就叫作写"教后小结"。

（三）怎样评价一节课

怎样评价一节课？首先应考虑一节好课的评价标准。一节好课的评价标准是什么？因为学科不同、年级不同、地区不同，每次评课的目的任务不同，特别是面对新课程、新思想、新教材，很难有一个通用的标准。近些年来，各地区教研、科研部门、各基层学校根据需要，结合本地或本校实际情况，区别不同学科，因地制宜地制定了许多课堂教学评价标准或评堂评价量表，这些都可以作为评课者的参考资料。这里提出综合评课的八条标准作为参考。

综合评课八条标准（评课抓手）如下：

1. 看教育思想（是否符合新课程理念）。

2. 看目标确定与重难点把握（是否体现三维、突出重点、突破难点、抓住关键）。

3. 看教材个性化组织处理（既看是否合理，又看有无个性特点）。

4. 看以生为本教学过程的设计与组织（教学环节与流程设计是否恰当合理）。

5. 看教学策略方法（学生参与、教师运用的方法手段如何）。

6. 看教师基本功（语言、板书、教态、应变、信息技术等）。

7. 看学习效果（三维目标是否达成）。

8. 看教学个性（是否有个性风格特点）。

在实际评课中，不一定一开始就从八个方面逐一分析评价，而要对所听的课先理出个头绪来。怎样理？第一步，从整体入手，粗粗地看一看，全课的教学过程是怎样安排的，有几个大的教学步骤；第二步，由整体到部分，逐步分析各个教学步骤，要分别理出上面的几个内容；第三步，从部分到整体，将各个教学步骤理出的内容汇总起来，然后再按照一定的顺序，从全课的角度逐个分析评价。

1. 优缺点分析法

优缺点分析法不像第一种方法那样，从八个方面逐一对一节课做评析，而是对整节课的优缺点做总结归纳，从而找出课的长处与不足。

2. 片断评课法

这种方法，是评课者从课堂教学中选取有代表性或典型性的教学片段进行评析。这种评析可以按一节课教学进行的顺序，分若干片段进行全程评价，然后再做一个小综合评析，也可以从一节课中选择一两个片段进行评断。

3. 寻找特点法

沙里淘金，寻找特点法，可以采取综合的，也可以采取单项的。它的目的在于，千方百计寻找执教者的教学特点或教学风格，即亮点。

什么是特点？从哲学上讲，是指一事物区别他事物的特殊性。执教者在一节课中的教学特点，既可能是他教学成功的闪光之处，又可能是他科学实验区别于他人的创新之处。所以作为评课者要善于发现它、捕捉它、总结它。能够抓住一节课执教者的教学特点和风格，也就为评好一节课打下了良好的基础。

4. 以果溯因法

所谓以果溯因法，就是评课者以一节课成与败的效果，去探寻其产生的原因，从中总结出规律性的东西。可以采取以下几个步骤：

第一，判定效果。这种分析判定方法有两种：一是根据现场教学的直觉的观察，如看学生的神态、课堂气氛、学生对问题的回答、学生课堂教学参与面和参与率等；二是采取出题测试的办法，在即将结束课程的时候，由评课者依据新课教学内容，当场出题，当场测试，有了这种测试成绩，分析课就有了依据。

第二，以果溯因。课堂教学效果有了，那么这种效果是怎样产生的呢？这就可从教师教学目标的确定，教学重难点的把握、教学方法的选择、教学手段的运用、教学过程的设计诸方面做出分析，查找原因。

第三，总结规律。在这个步骤里，评课者要借助教学理论对执教者的课堂教学活动进行理性思考，即透过现象看本质，丢开枝节抓规律。看执教者的教学活动，从教材的处理到教法的选择，从课堂结构、教学环节的安排到现代化教学手段的运用，哪些做得好，符合规律，哪些做得不好，不符合规律，最后做出科学的结论。

三、怎样给教师说课

校长掌握了说课的一些方法，那么在与教师具体交流中，又该怎样给教师说课呢？通常教师对领导听课评课可能有三种态度：一是抵触，校长会挑出毛病，很尴尬，年龄大了，不想有什么创新，是一种负担；二是应付，领导安排被动接受，不是考虑如何改进教学；三是欢迎，有些中青年教师有成长的需求，有的教师是为上公开课让校长来把关，得到教学的指导，这就需要校长针对教师不同的心理状态酌情处理。

在具体说评的过程中应该注意这样几个问题：

第一，先听设计思路。在评课之前，先听取开课教师对本堂课的设计思路。这有两点好处：一是对执教老师的尊重；二是补偿自己听课中的遗漏，以便有个整体把握。

第二，坚持一分为三。所谓一分为三，就是优点说透，缺点不漏，方法给够（提出建议）。首先，校长一定要充分尊重执教者的劳动。一般来说，不管是成功的课，还是失败的课，教师都花费了不同程度的心血。因此在评课时，评课者应通过对问题的分析肯定这一点。其次，要褒贬得当。评课的褒奖与贬斥要有个"度"，绝不是褒越多越好，贬越少越佳。过多而不切实际的肯定，会给人虚假逢迎之感；在谈到缺点时要讲分寸，应以商量和提建议的口吻与执教者交换意见。再次，要主次分明。评课时在关键重点问题上要多加分析，道理讲透；尤其对缺点问题要抓要害，予以分析；一般问题可轻描淡写，留给执教者自己去玩味。评课本身是充分说理的，把理讲透，有些问题提供思考线索，留给教师自己去琢磨。

第三，评课避免五化。

空洞化。根据教学目标、教学内容、教学过程、教学方法、教学效果、教学基本功等娓娓道来，面面俱到，泛泛而谈，给人平淡无奇之感。

枝节化。只盯在讲课声音大小、教态怎样、板书位置等枝节问题上，触及不到根本问题，给人肤浅无聊之感。

强权化。以专家权威自居，强词夺理，一锤定音，给人强权之感。

赞歌化。对缺点视而不见、只字不提，给人虚假逢迎、敷衍了事之感。

绝对化。要么一无是处，要么十全十美。

所以校长听课评课应该注意到这些问题，为了整理思路和评得具体，评课中可以考虑这样几个问题。

1. 关注教学设计、目标、内容、时间等的安排是否合理。

2. 关注学生的参与度。学生是学习的主体，是受教育者，在教学过程中，是否调动了学生学习的积极性、主动性，应当作为评课的一个主要标准。

3. 关注教学的实效性。由于现代教育技术的应用，情境可以设计得相当完美，但学生在上课过程中，很可能因为漂亮的情境而转移了对课本知识的兴趣，教学效果打折扣。

4. 关注上课思路、逻辑体系也是一个评价的重点。

5. 不应当把是否完成教学任务，作为评价教学成功与否的依据，而应当把师生的互动程度、内容的实效性作为评价的一个主要依据。

第四，民主协商。气氛和谐，允许执教者辩解，申明个人理由。

第五，注意场合。场合是指一定的时间、地点和情况。从评课的效果考虑，场合问题不是一个小问题，尤其评一节不太成功的课，更要慎重考虑评课场合对教师心理压力和对日后工作的影响。要将评课和评教师分开，讲话要注意分寸留有余地，不要在大庭广众之下使教师难堪，对有的不宜在公开场合提出的意见宜在私下里个别交换。

第七章
阅读与专业写作校本研修的策划

教师成长的路千万条，但是阅读与专业写作是教师专业成长最直接、最简便、最省钱、最有效的途径。所以校长策划校本研修应该首选"阅读与专业写作校本研修模式"。

 案例分享

让每一个教师爱上读书、研究与写作
江苏省南京市北京东路小学校长　孙双金

我到南京市北京东路小学（以下简称"北小"）工作几年后就发现，写文章的教师真的不多，尤其是女教师就写得更少了。这恐怕不只是北小的问题，而是共性问题，所有学校中真正写文章的总是那么少数几个人。

然后我就开始研究原因，为什么写文章的人这么少呢？很多女教师说：第一，我们没有时间写，忙不过来；第二，我们精力跟不上；第三，思考不够，书读得少，思考得更少。到了2009年，我下决心狠抓这个问题。当时的想法很简单：这个问题再不抓，教师的专业发展就会遇到"瓶颈"，就会严重制约他们自身和学校的发展。

一、我们的"军令状"

怎么抓教师的写作？2009年的第一次行政例会，我们把本年定位为"教师的写作年"。会议上，我首先表态：2009年，我自己的目标是读15本书，在省级刊物上发表15篇文章。我讲完以后，请大家一个一个表态。我们的书记说："争取这一年写5篇文章，读20本书。"然后，副校长、中层干部一个接一个说。我请办公室主任白纸黑字一一记录下来，形成了文字材料，这就是我们2009年的"军令状"。我郑重表态："如果这一年我的任务没有完成，年底的绩效工资我一分不拿。"为了督促大家，我请办公室主任把当天开会时大家立下的"军令状"公示在校园网上，请所有教师监督，就这样，软任务变成了硬任务。我们提倡教师写作，行政班子成员就要先写起来，这样才有说服力。

可是，这项工作如何才能落到实处呢？我承包语文组，书记承包数学组，副校长承包综合组，接下来各组每个月都要搞一次"磨文"活动，语文、数学和综合学科齐头并进，各组把组内教师的文章拿出来一一打磨：从选题到拟定标题，从文章的框架结构到每一部分的小标题……一个环节接着一个环节地认真讨论、精心打磨。实事求是地说，师范生在学校里没有经历过这样的论文写作过程，因为他们压根儿没有深入到教育教学实践中来。经过这样的"磨文"活动，我发现这件事情的效果比我想象的要好，这样一抓，在我们学校工作第一年的李雪香老师，两个月之后就拿了一份《中国教育报》给我看，原来上面刊发了一篇她的文章。后来，我在全校大会上大张旗鼓地表扬她，说有一位新教师、体育老师，在《中国教育报》上发表了文章。过了半个月，我们的一位美术教师又在《中国教育报》上发表了文章……那一年，教师们开玩笑说，见了面打招呼不是问"你吃了吗"，而是问"你发了吗"。2009年底，教科室盘点一年的"收成"，我那一年发表了34篇文章，其他行政领导也均完成了年初制订的发表任务，教师们发表的文章是往年的好几倍。这样，整个学校教师写作的氛围就营造起来了。一个人写作，写不成气候，大家都在写作，那整体的感受就不一样了。

二、让"富婆"写文章

我们的张齐华副校长有一次和我说："孙校长，我给你出个难题，我们数学组有位教师，家境很殷实，教师们戏称她为'富婆'，你有本事让她写文章吗？"这对我来说确实是一个挑战。有一天，我把这位教师请到我办公室聊天。我问："现在数学组都在写文章，你有没有考虑呢？"她说："孙校长，你千万别让我写文章，我根本没有时间，工作之余，我几乎所有时间都在陪着儿子上补习班。"聊天过程中，我发现她所有的兴奋点都在儿子身上，我对她说："现在你的儿子读二年级，再过两年，也许你就驾驭不了你儿子了。假如有一天，你儿子问你，

'妈妈，你总是让我在年级里数一数二，那么在学校里，你是不是也数一数二呢？'你怎么回答？"听后她沉默了。两个星期之后，我听说这位教师开始写文章了。她遇到我说："孙校长，前些天我和儿子在讨论一道数学题的时候，发现教师和儿童的思维方式很不一样，我就在思考如何遵循儿童的思维方式来组织我们的数学教学。"这个选题多好啊！我提醒她买一些理论书来阅读，提高自己的理论素养。她说已经在网上买了7本相关书籍了。那一年，这位教师的文章获得了省"教海探航"论文比赛的一等奖。那一年的"教海探航"颁奖典礼安排在苏州，这位教师本不打算参与，我对她说："你一定要去，而且还要拍下颁奖的过程，回来给你儿子看，这个对你儿子的教育来说肯定会有了不得的影响。"后来有一天在学校里，我正好遇到她们母子，我问小朋友："你喜不喜欢你的妈妈呀？"他回答道："喜欢。""那你喜欢她什么呢？""我妈妈很优秀，她的论文在江苏省获得了一等奖！"她儿子很自豪地说道。我马上转身去对这位教师说："你这个写作获奖经历的教育影响，比你天天盯着他不知要高明多少。"

三、发现"出走教师"的闪光点

学校里有些教师，底子相对薄弱，针对这一部分教师，我们该怎么办呢？比如，我们有一位刚在2017年省"教海探航"论文比赛中获一等奖的徐老师，原本底子相对弱一些。我有一次听她的课，听完之后将她请到我的办公室面谈。我说："徐老师，你也执教两三年了，我发现你的语文教学还没有入门。"谈完之后，其实我有些后悔，不该这样打击一位教师的积极性。后来，每到寒暑假，她都来找我开证明，原来她喜欢旅游，志向是一个人周游世界。玩了大概3年之后，他们年级组的教师告诉我，徐老师班上学生的作文写得很好。我阅读后发现，她班上学生的作文水平确实在同年级中高人一筹，我就问同年级教师是什么原因，他们告诉我说，徐老师每次出门旅游都写旅行日记，回来之后就给学生们看，给学生们讲……这是一件好事，徐老师在引导学生写作方面找到了突破口，从"行万里路"当中，有了不一样的人生感悟。

后来，徐老师告诉我，她去过欧洲、非洲、美洲……她发现自己原来对世界、对人生的认识很肤浅，当她后来看到非洲那些贫困儿童的时候，她的人生态度确实发生了很大变化。我之后把徐老师如何进行作文教学的事迹在教师大会上向全体教师做了宣传。徐老师的热情高涨，"功夫不负有心人"，在2017年的论文比赛中，她获得了一等奖的好成绩。每个人都有自己的长处，徐老师在课堂教学上有所不足，但是她在"行万里路"的过程之中，改变了对人生的看法，提高了自己指导学生写作的水平。这真是"东方不亮西方亮"。每个人都有自己闪亮的一面，等着我们校长去发现。《人民教育》上刊发过她的一篇文章，叫作《走得越远，离教育越近》。

四、让"下岗教师"挺起自信的胸膛

还有一位刚刚走上工作岗位的杨老师的故事。杨老师来校之后在二年级做班主任，结果一上班，家长就表示不欢迎。一个月之后，家长拿了两本集子给我。原来，他们把杨老师在批改作业过程中不仔细的地方全部拍成照片，然后汇总成册，打印装订成集拿给我看。之后，家长又三番五次表示不想让杨老师继续教了。没有办法，我把杨老师的父母一起请进我的办公室。我说，杨老师实在忙不过来，她改过的作业，就请爸爸妈妈帮忙再看一下，也可请同年级的语文教师们再帮忙看一下。其实，我们听杨老师的课，发现她其实基本素质很全面。一年后，新教师教学素养展示，她拿了第一名。我借这个契机找她谈话，我对她说："你是一个素质比较全面的老师，不要泄气，你要在你的工作当中做出成绩来，让家长满意，让他们慢慢接纳你。"这么一个本来对教育充满阳光却被家长一盆又一盆冷水搞得灰溜溜的教师，2017年参加省"教海探航"论文比赛也获得了一等奖。2017年9月，我们把杨老师安排到了教科室，参与教科室的工作。事实证明，杨老师的文学功底不错，也有良好的教学素养，我们正把她纳入后备人才梯队进行重点培养。

五、让优秀教师脱颖而出

从2008年我到北小做校长到现在，北小共培养出了6位特级教师，这里我举一个张齐华副校长的例子。他原来是海门的，我们互不相识，当时他还没有什么名气。有一次，我去拜访苏教版小学数学教材主编、著名特级教师孙丽谷老师，请她帮忙推荐一位数学老师，期待能起到"鲶鱼效应"，把水搅活，以改变北小的数学教师结构和研究氛围。孙老师推荐了张齐华，回来之后，我就给张齐华打了电话，希望他能来南京工作，我可以帮他全家办好调入南京的一切手续。他过了几天回复我说：愿意来。张齐华来了之后，我在学校里与他讨论得最多。我觉得，与有思想的人在一起共事，这是一种乐趣。我当年之所以决定从丹阳来到南京，有一个想法就是，在丹阳，高层次、有水平、能够与我对话并给我启发的人已经很少了。人和高手在一起，当然水涨船高。张齐华虽然教数学，可他语文的、文学的东西，看得比数学还多。他为什么走得远？因为他的人文素养很高。在学校里遇到很多事情，我都乐意与他交流、与他碰撞，我和他的关系亦师亦友。张齐华带来了他的数学文化、数学智慧和教学艺术，慢慢改变了北小数学团队的面貌，激活了青年教师成长的动力。

慢慢地，北小主要的班子成员都成了特级教师。这样一来，学校学术研究的氛围就变浓了，也因此带动了一大批骨干教师的成长。其实，要发现教师，作为领导者和决策者，我们应该先要勇于发现自己的不足。我工作已经三十多年，我就习惯于不断发现自己的不足，例如，作为一个实践工作者，我在理论上的造诣还不够。之前跟着杨九俊院长5年，参与江苏省人民教育家培养工程。回过头来看，这五年收获很多，如果没有这个机会和高手在一起学习、交流和研讨，自己就会永远陷在教学事务里面，觉得自己好像还不错。其实人生是没有止境的，我们需要不断地和比自己强的人在一起，只有这样，才能带动自己不断发展壮大。我中学的老师徐柏林先生曾经对我说："人群就像一片树林，你这棵树要快快长大，你长得比别人高，就能享受更多的阳光和雨露。"这句话鼓励我快快成长。后来徐老师又说："你就和竹笋一样，竹笋长大了需要换新的衣服，你去南京就是换上了新的衣服，未来能够长得更好。"我觉得，我们校长也要不断地发现自己，发现自己的短处，克服不足，不断成长。

从这个案例分享，我们可以看出，阅读与专业写作的的确确给这所学校带来了实实在在的变化。教师通过阅读与专业写作，让专业得到快速成长。孙双金真不愧是有胆有识的名校长，这个校本研修抓到点上了。

问题分析

阅读与专业写作——鸟之双翼

教师专业成长的两个关键词：一个是读书，另一个便是写作。让教师热爱读书是一个古老的话题，也是每个学校都不会忽视的事情。

一、阅读是教师的天职

朱永新说："一个人的精神发育就是他的阅读史。一个民族的精神境界取决于这个民族的阅读水平。"这话很有道理。古往今来人类在成长发展进程中积累了无数的知识和智慧。而这些知识和智慧就记载在书中。世界上犹太人很聪明，他们的智慧举世公认。他们中的杰出者如群星灿烂——马克思、爱因斯坦、弗洛伊德、卓别林、基辛格，还有 2002 年度的诺贝尔文学奖获得者凯尔泰斯。这是为什么？研究表明是因为这个民族酷爱读书。

读书读得少，是造成教师专业成长不快的一个重要原因。有的教师手中除了一本教材、一本参考书以外，什么都没有。在一些学校绝大多数学生和教师整日被"正统"的作业、教科书等压力所包围。他们很少去看课外书，甚至现在一些教师培训注重的也是听报告或讨论，而忽视个人的读书。那么这种文化现状势必造成教师专业上的"贫血"，而一旦搞课研，教师就感到"黔驴技穷"。

二、阅读与专业写作

专业写作是阅读与成长的载体和媒介。因为要写，所以要读；因为要写，所以要去做；因为要写，所以要思考。写作是推动读、做、思的最有效的方法，是教师行为研究的最好依托，从而使原有教学经验从零散走向系统、从肤浅走向深刻、从常规走向科学、从科学走向艺术。

一个基本事实是：大凡卓有成就的骨干与名师成长，除了痴迷读书，还重于经验梳理写作。

特级教师李吉林说："写作就是研究。没有写作，研究成果往往会呈现碎片化、思绪化、即时性等特征或状态，写作是对这些研究成果的归纳、整理和提升，也可以说是对平时研究的'二次研究'。"特级教师钱守旺说："教师专业成长的'五条通道'：把别人的智慧借过来，把看懂的东西做出来，把困惑的问题摆出来，把研究的成果写出来，把成功的经验传出去。"再浓缩一点，其实，教师平常的工作主要就是读书、反思、研究、写作、积累、交流。如果我们能做这些工作，慢慢地，我们离专家型的人才就会越来越近；渐渐地，我们可能离教育家也会越来越近。

三、当前教师读书现状

如今教师们究竟读不读书，都读些什么书？读书时间是怎样安排的？教师的读书方法又是怎样？了解当前教师读书这些现状对于搞好阅读指导校本研修是至关重要的。

有人对一所学校教师的阅读状况进行了一次问卷调查。问卷包括读书兴趣、读书时间、读书方式、读书类别、影响读书的原因等方面的内容。统计结果如下。

1. 读书兴趣方面：全校酷爱读书的教师有 16 人，占总人数的 25%；喜欢读书的 31 人，占总人数的 51%；一般的 15 人，占总人数的 15%。

2. 读书时间方面：每周教师阅读时间平均为 1.2 小时。读书时间达到或超过 2 小时的有 14 人，占总人数的 22.5%。读书时间在 1.5~2 小时的有 28 人，占总人数的 44.5%；偶尔读一读的有 13 人，占总人数的 21.5%；愿意读书，但忙于教学和班级管理事务，基本不读书的有 7 人，占总人数的 11.5%。

3. 读书方式方面：浅尝辄止地浏览的有 26 人，占总人数的 42%；读书时粗略地在书上勾画，偶尔做读书笔记的有 36 人，占总人数的 58%，进行晴读的为 0 人。

4. 读书类型方面：经常读《读者》《知音》等休闲类杂志及通俗小说的有 19 人，占总人数的 30.6%；经常读教参、教学辅导书籍，以及《人民教育》《小学语文教师》等教育教学杂志的有 41 人，占总人数的 66.1%；经常读《给教师的建议》《孩子们，你们好》《教育的目的》等教育教学专著的有 2 人，占总人数的 3.3%。

5. 影响读书的原因方面：31% 的教师认为平时工作忙，用在读书上的时间和精力偏少；22% 的教师认为，心情浮躁不安，静不下心来读书；21% 的教师认为业余生活丰富，影响了读书；26% 的教师认为不知道该读什么样的书。

从调查结果来看，我校教师中喜欢读书的人数并不少，整体读书的情况尚可。例如，喜欢读书的教师超过总人数的 70%，每周教师平均阅读时间为 1.2 小时，并有超过一半的教师做读书笔记，写读书心得。可以看出，读书已经成为我校教师喜欢的生活，大家普遍具有较强的读书愿望，有着明确的读书目的。

但问卷中也暴露出来很多的问题：一是思想认识不到位，如在"影响读书的原因"中，超过半数的教师认为影响读书的原因是"工作忙，心情浮躁，静不下心来读书"。这一方面反映了目前小学教师忙于教育教学工作，学习时间较少的事实；另一方面也暴露出教师们对自己要求不高，对读书的重要意义缺乏正确的认识，对终身学习的认识不深，终身读书的观念淡薄。二是不会进行专业阅读，从读书类型和读书方式的调查结果中可以看出，绝大部分教师不会进行专业阅读，阅读的书籍仅限于教学参考书、教育教学杂志等，而对教育类的专业书籍阅读很少，阅读的深度、广度很有局限，对自身阅读缺乏整体性的谋划，破碎而充满错误，这样不科学的阅读，严重影响了专业发展。

研修策划

怎样开展阅读与专业写作校本研修

有效抓好教师读书与专业写作，学校需要做很多工作，而且每个学校情况又各有不同，但最要紧的应该做以下几个方面的工作。

一、做好读书校本研修规划

"凡事预则立，不预则废。"现在许多学校教师读书效果不好，一个重要方面是学校没有规划，盲目性很大。为此学校开展读书活动首先要做计划，制订活动方案。从目的、主题、内容、方法、策略、考核、评价等做规划。如下面这个读书校本研修方案。

教师读书活动方案

为了进一步激发全校教师读书的兴趣，营造浓厚的读书氛围，养成良好的读书习惯，提高审美修养和人文底蕴，打造学习型教师群体，提高教师综合素质，努力建造"书香校园"。特制订以下教师读书活动方案。

一、活动目的

为使教师更新教育观念，提高理论素养和教育能力，养成每日读书的好习惯，有充满智慧的大脑，有优雅的举止和谈吐，充满书香，充满气质，充满智慧，用最静心的阅读，来填充比天空更广阔的心灵。同时，为建设书香校园，推动学习型学校的形成做出贡献。

1. 在读书活动中，实现教师有效积累，补充教育理论知识，改善自身知识结构；提升教师理论和实践水平，将读书所得运用于实践，推进课程改革进程，有效改进自己的教学行为，促进教师专业发展。

2. 在读书活动中，创设良好的学习研究氛围，引导教师养成"爱读书、会读书、读好书"的好习惯，提高教育科研能力。

3. 在读书活动中，加强教师队伍的建设，形成积极进取、努力学习的氛围，积极建构学习型组织。使教师朝着"有哲学的头脑，有学者的风范，有精湛的教艺，有愉悦的心境，实现从'阅读'到'悦读'"这一目标不断迈进，提高教师综合素质。

4. 通过活动，构建有特色的书香校园文化，形成校园文化特色。

二、活动主题

读书，为精神打底，为人生奠基。

三、活动口号

与知识为友，与书本为友。

四、参加人员

全校所有在职教师。

五、读书内容

读书是教师提高自身素质的重要途径之一，教师读书不仅要专，更要博。建议教师阅读以下五类书刊。

1. 名人传记。名人成长历程里的动人故事可以对教师学习生活提供有益的借鉴。

2. 教育家的书。教育家的著作包含着对自身教育理论的针对性思考、自身教育实践的时效性经验，可以对教师具体工作有多方面的启发和指导作用。

3. 专业书。任何一门学科都是不断向前发展的，作为这一学科的教师应该不断学习最新的专业书籍，让自己的专业知识更新换代，这样才能保证自己的课堂教学鲜活。

4. 现代科技书。科学技术不断改变着我们的生活，读这些书有助于教师了解现代人的心理、感悟现代生活，可增强自己教学工作的针对性。

5. 学习方法书。教师帮助学生学会学习是教育成功的关键，教师了解现代学习理论及方法，对提高自身学习质量、指导学生学习和改善教学效果是很重要的。

六、活动措施

1. 制订读书计划目标书：每个教师结合个人实际，每学期制定出读书成长规划和读书目标。

2. 学校为全体教师配备一个读书笔记本。

3. 开展"四个一"的读书学习活动，即每位教师订阅一份教育刊物；每天自学一小时；每月读一本教育专著；每月写一篇学习心得或教学反思。阅读时要做好批注，写好读书笔记。学校每期对教师读书情况进行调研、考评和总结。期末进行优秀读书笔记评选活动，评选出优秀作品进行奖励并编入校刊《教海拾贝》。

4. 学校把每年的3月和10月设立为"读书月"，每学年组织一次读书报告会或读书沙龙，校领导定期为教师做读书辅导讲座。

5. 认真及时收集整理读书活动中的各种资料，做好档案管理工作，及时向上级主管部门汇报学校读书活动情况。

二、选好可读图书

（一）到哪里去找教师要读的书

有资料表明现在全国有 500 多家出版社，每年出版图书种类数万种。可是在一个问卷中，教师却写道："没什么好书适合我们读。"请注意这里的这个"好"字，教师们用词都很讲究的，并不是没书，而是没"好"书。

那么，"好"书的标准是什么？长沙一位 50 多岁的老教师在我们问卷的最后有一段这样的话：希望"书价低一点，字体大一点，装帧美一点，内容实一点，盗版少一点，作家心静一点，品种多一点"。老教师的这几个"一点"不一定概括了"好"的全部，但至少说明了一个现象：读者满意的好书确实不多。

"好书本来就不多，即使有那么几本，我们也不一定能马上知道。"问卷上，针对"你获得新书信息的途径"这一问题，调查结果是这样的：46.6% 的教师是通过"逛书店了解"，但与此相对应的是，教师们逛书店的调查数字并不乐观，因这有一个数字可以佐证：61.4% 的教师个人藏书在 100 册以下，其中 10.5% 是"基本没有"。

那么有没有教师需要的好书呢？这是两位教师在网上写的关于读书的微博。

久违的好书

涅　磬

对于教育生涯事务性工作居多的我，总想多研究研究教学。但是每每拿起教育教学论著，总有枯燥乏味，读不下去的感觉。10 日市教育局来我校给焦艳秋名师工作室授牌，赠给名师工作室成员每人一本书——辽宁省特级教师徐世贵和于美合著的《名师启迪与骨干教师成长》。

抱着试试看的态度，我借来一阅，没想到会这么亲切自然，令我欲罢不能，一有时间就读，现在开始读第二遍。书中没有枯燥难懂的理论，而是一篇篇短小精悍的教育教学故事、名师成长经历。阅读轻松，内容实用。真想把它推荐给所有教师阅读。

第一次读完这本书我失眠了

申凤琳

感谢市教育局这次举办的教师精读一本书活动，同时也很庆幸读到这样一本书——徐世贵老师的《名师启迪与骨干教师成长》。它的出现就如黑夜中的一把火炬，不仅给我带来了信心和温暖，同时为迷茫失落的我指明了方向。说起来惭愧，走向三尺讲台整整三年，却是第一次如此认真地阅读一本教育教学专著，第一次受到如此大的震撼与感动，第一次熬夜拜读，并认真地做起读书笔记。如果你和我一样，是一名工作不久的"85后"教师，和我一样，在工作中面临着很多的困惑又无处解答，那么这本书绝对能给你带来正能量、新力量。

记得第一次读完这本书的感受，我失眠了，整晚都在想自己这三年来的成长经历和书中提到的很多名师的经历。我既觉得有些安慰又觉得后悔。安慰的是，每一名骨干教师的成长都是一步一个脚印走出来的，他们也都年轻过，也都和我一样，有过彷徨有过迷茫有过挫折有过等待。只是他们选择了勇敢地面对和坚持，不给自己留时间去抱怨去逃避。后悔的是，我错过了教师成长中最关键的三年。

我想，接下来我一定会整装待发，勇敢前行，早日实现自己的目标。最后借徐老师的话鼓励自己："没有播种，何来收获；没有辛苦，何来成功；没有磨难，何来荣耀。"希望在未来的骨干教师队伍中有我也有你。

可见教师需要的好书是有的，只是老师不能很方便或者说不能及时看得到。

教师对好书的选择

在您读过的书籍中，您选择它们的标准是什么？	公义经典的	30.1%
	自己喜欢的	35.2%
	销售量大的	5.2%
	与专业有关	18.1%
	同事推荐的	11.4%

读好书，交高人。那么怎么在这浩如烟海的书中，让教师找出那些最优秀、最值得一读、最对自己脾气的书呢？学校给教师选书有这样几种方法和途径：

1. 学校统一购书。这可以由学校内行人通过书店或网上根据教师需求来精选。

2. 教师自主选书。这是确定一定的金额的钱给教师自主选书的权利。

3. 学校荐书。为了引起教师的兴趣和重视，校长在选书时有必要对书和作者做一些介绍。

（二）阅读的种类

学海浩瀚，书山茫茫，人生有限。读书学习，积累资料不能四面出击，应该根据自己的专业特点、学习优势、兴趣爱好，有选择地读，有选择地积累。

通常教师阅读的种类可以考虑以下内容。

1. 读自己专业的书——拓宽加深专业基础

读学科专业书是立身之本，无论在什么时间、什么条件下都应读。

2. 读教育报刊——了解同行在想什么

如发表在《中国教师报》《人民教育》《江苏教育》《上海教育》《北京教育》等教育期刊报纸上的一些文章，大多数属于一线教师和教研科研专家的教学经验精华或先进的教育思想。这是教师转变观念、更新知识、学习方法的源头活水。

3. 读教育经典——以史为鉴

真正的教育理论永远不过时，总是那样永恒而平易。教育家成长之书系列丛书《邱学华与尝试教育人生》《吴正宪与小学数学》《钱梦龙与导读艺术》《窦桂梅与主题教学》等一套记录名师成长历程的书值得一读再读。

如孔子——《论语》记载了孔子的教育思想和方法；蔡元培——发展个性，崇尚自然的教育主张；陶行知——"教学结合"，生活即教育，社会即学校；叶圣陶——"教是为了不需要教"等反映教育的书，应很好地读一读。

著名语文特级教师李镇西老师说过："阅读欲就是我的生存欲。"他在广泛阅读各类文学书籍和教育书籍的同时，潜心研读了苏联教育家苏霍姆林斯基的著作，以苏霍姆林斯基为榜样，把自己整个心灵献给了孩子们。

4. 读中小学生的"书"——走进学生心灵

学生的作文、日记、文艺作品、作业，无论是发表的还是没发表的，都要认真读，细心品味，你会很好地了解学生的内心世界。

5. 读人文书籍——开阔视野

读古、近、现代史和马克思主义哲学。阅读文学名著、名人传记，常看些小说、散文，鉴赏品评并抄录诗、词、曲、联精品和格言警句，经常翻阅并熟记常用成语典故等。这会不断扩大和丰富自己的知识领域，提高自己的文采。

6. 读现代有影响力的教学理论

现代有影响力的教学理论有很多，如认知主义学习理论、建构主义理论、多元智力理论等。

三、坚持读写梳理结合

上面的案例分享启示我们，教师只有把读书与专业写作、梳理教学经验结合起来效果才最好。所以学校在开展读书活动时，一定让教师结合自己的实际去做专业写作和梳理。那么让教师去梳理些什么呢？这个内容很广泛。如可以梳理教学思想，形成自己的教学主张；可以梳理教学方法，建构自己的教学模式；可以梳理教学特点，形成自己的教学风格；可以梳理教学经验，写成自己的教育教学论文；可以梳理教育教学逸事，写成教学案例或教育教学故事；可以梳理课上课下的零思碎感，写成教学随笔；可以梳理课后感悟，写成教学后记；可以梳理小课题研究，写成研究报告；可以梳理教师工作经历，写成自己的专业成长经验……如果你能再把上面这些梳理成果分类提炼梳理，那教师就了不得了，可以出版一本本书了。

所以一定引导教师坚持不懈地去边工作、边学习、边研究、边梳理。一旦你做到五会：会上课、会梳理、会交流、会传播、会引领，那么你想不成为名师都很难。

四、为教师创造读书时间

时间是影响教师不能很好读书的最重要原因。这里包括两种情况：一是有的教师为自己不能读书找借口，借口工作和家务忙，无时间读书。教师们白天忙于工作，忙到身心交瘁后回家再做家务。整天生活在忙碌之中，根本无暇读书。二是教师也确实忙，根本没有时间去读书。

专家设计的一道开放题："请你对教师阅读现状发表意见和建议。"几乎所有的教师像商量好了似的异口同声：非常想读书，可是没有时间。一位30多岁的女教师在答卷上列了一个作息时间表："星期一至五，早上7点不到出门，晚6点到家，烧饭、孩子洗澡、看孩子练琴读书，时间一转眼就到了十点，像一只陀螺不停地转。双休日有时学校有事，有时要进修，一本书放在床头，几个月也翻不完……"透过这短短几行字，我们仿佛看到了一位敬业的教师整天忙着批改作业、备课、找学生谈话那忙碌而疲惫的背影；仿佛听到了一位辛勤的母亲因无法好好照顾孩子和亲人那无奈而沉重的叹息。一项调查表明，71.1%的教师是40岁以下的中青年教师，正处在上有老下有小、既要拿文凭、考外语、评职称又要照顾父母妻儿（丈夫）、既要为人师长又要为人妻母（父亲和丈夫）的年龄，哪有时间坐下来安安静静地读自己喜欢的书啊。

教师工作负担较重，调查统计显示58.03%的教师反映由于社会、家长对学校的期待越来越高，学校之间的竞争日趋激烈，各种评估验收、检查，导致他们平时起早摸黑地备课、上课、批改作业、辅导，频繁地开会、评比、总结、接受检查……教师的业余生活被繁重的教学工作和检查验收占用了，辛劳疲惫长期积压，身心多数处于亚健康或不健康状态。一旦放假，不少教师整个身心松弛下来，对书本也会产生一种厌倦感，不想读书，更不愿动笔。

五、克服浮躁心态，营造良好的阅读氛围

心态浮躁是教师读书的大敌，面对物欲横流的世界，面对一个个腰缠万贯的大款出现在自己身旁，有的教师也静不下心来，没有那种"板凳要坐十年冷"的耐心了。可见让教师读书，不克服教师上面这些浮躁心态，不去营造良好的阅读氛围，教师的阅读是抓不好的。因此，学校要通过做教师工作，从而帮助他们克服浮躁心态，营造良好的阅读氛围，尤其校长应该首先建立正确的阅读观。

人都是有惰性的，有的教师有阅读习惯，有的教师没有读书习惯，有的教师会读书，有的教师不会读书。除了营造良好的阅读氛围，校长还要有一定的制约和经常的督促。

四所学校对"我校主要领导经常督促教师读书"的调查

	不督促	偶尔督促	督促	经常督促
A 校	6%	20%	26%	48%
B 校	8%	13.4%	23.1%	57.3%
C 校	12%	6%	31%	51%
D 校	8.6%	5.2%	51.7%	34.5%
平均	6.75%	11.15%	32.95%	47.7%

从这个调查可看出，校长对教师的督促是不同的。成功是逼出来的，对教师的阅读有适当的约束，会促进教师有效阅读。如下面是一所学校对语文教师读书的要求：

语文是内功心法，可以提升涵养，培养气质，是在座帅哥、美女行走江湖的基本功。

　　因此，为了学好语文，我们要做好以下几点。

　　1. 备一本字帖——席殊钢笔字帖。

　　高考作文对书写的要求是——书写工整，卷面清洁。尤其是文科同学，政史地都需要书写大量的文字，保守地讲，书写的好坏在高考分数上的差异估计在10～30分。因此，要努力使自己在高中阶段写一手端正而潇洒的钢笔字。要写好一手字并不难，每天抽出10分钟的时间临帖（最好是席殊钢笔字帖），临习一年，坚持不懈，最终一定能出手不凡。

　　2. 准备两本词典——《现代汉语词典》《成语典故词典》，当然来一本开心词典也无妨。

　　3. 准备一报《××晚报》、一刊《读者》、一专著（三毛、韩寒、王朔……）。

　　每天出版的报纸杂志里面都有大量的信息，浏览信息可以扩大知识面，也增强快速阅读的能力。其中亦不乏语文方面的知识。

　　4. 养成一个好习惯，就是剪报——看到好文章就剪下来，贴在自己的语文摘抄簿里。这样日积月累，终有一天你会为自己拥有丰富的精神食粮而骄傲。当然，看多了，最好还能向报社投投稿。要知道，绝大多数作家都是这样起步的。要持之以恒，如果听之任之，惰性也就随之潜滋暗长起来。

　　5. 在学习上注意做到"三戒三倡"。

　　"三戒三倡"：一戒把学习当作苦役，提倡对知识和智慧的追求；二戒过多地、单纯地死记硬背，提倡以掌握事物本质规律的理解记忆为主；三戒解题模式化，提倡勤于思考，提倡思维的灵活性。

六、指导读书方法

　　读书无目的、无计划、不讲究方法，收效是不大的。有的教师随兴趣去阅读，今天这本读几页，明天那本看几行，有了时间随便翻翻，读书多年却没有多少收获。因此即便是学校大力倡导读书活动，大多数教师也是为装潢而阅读。把学校下发的专业书籍摆书柜中或案头上，不是借口没有时间去读，就是随便翻上几页，始终不能下决心去阅读。要么是为应付而读书。有不少的教师抱着应付学校领导的要求而读书，阅读没有目的性，随意性大。记录学习笔记也是大段大段地抄录，很难收到应有的阅读效果。

读书有的是宏观思考，有的是微观探讨；有理论的研究，有经验的介绍。然而不管什么样的文章，都会从不同的角度向我们展示作者的研究成果。对此，在学习时我们应当采取务实而又灵活的态度，采用多种阅读方法，如通读、选读、泛读、精读。读完之后都要掩卷深思文章的价值何在，提出了什么问题，阐述了什么样的观点，总结了何种经验，提供了哪些资料等。要竭力采撷文章所反映的研究成果，使之成为自己的"库存"。

有效阅读还要注意"三结合一积累"。

三结合：

1. 结合实际工作读。干什么想什么，想什么学什么。这应该是一条重要的学习方法和策略。比如我在一个时期里教学科研搞什么，我就重点买什么书，读什么书，所以这些书既是研究资料，也是备课资料。

2. 结合问题读。有了书籍，也不一定非要一本本地系统去读。因为有些教育理论的书既抽象又枯燥，在没有讲解的情况下读起来很费力气。况且有些书的内容和实际工作内容相脱离，这就容易产生厌学的心理。如果结合存在着的问题（也就是要解决的问题）有针对性地学，则会事半功倍，取得良好效果。

3. 结合撰写论文读。读书→思考→实践→写作，这是学习的四部曲。把读书与思考、读书与实践、读书与写作结合起来，就会相得益彰。由于带着问题去学习，搞清一个问题，解决一个难题，于是也就扩展一部分知识，开辟了一个领域，创造出新的成果。写文章既是研究成果的积累和展现，又是学习和运用教育理论的最好方法。

一积累：求知如采金，积学似储宝，学习中积累资料是十分重要的。

1. 买书和订刊物。一是常跑书店，发现一本就买一本。二是留心报刊上的书讯，以便邮购。无论是书或是杂志，不一定一次读完，到手以后先浏览一下，然后分类存放，作为备查资料。当然如果要阅读时尽量圈点批注，留下笔记。

2. 摘录。按不同资料内容分类，阅读以后，凡是认为重要和有用的东西，分别抄在不同本子上，"对号入座"。

3. 剪辑。因为有些杂志和报纸积累太多，阅读特别费力气，将有关内容从书籍报纸上裁剪下来，编辑在一起，分门别类地粘贴在各个本子上。

4. 复印。把有用的资料复印下来，也分门别类地订在一起，这是一种简便易行的好方法。

5. 记载。记载的是日常工作、学习产生的零碎感。

6. 勤翻查。资料积累过程中，边收集、边思考、边吸收、边转化使用。平时要做到四勤：勤阅读、勤思考、勤整理、勤翻查。

特级教师余映潮说："用最笨拙而又最科学的方法读书，用最辛苦而又最有用的方法读书，用最麻烦而又最精细的方法读书——那就是做读书卡片。"再就是要写读后感，这是对读书收获的更高要求。当教师读完一本好书之后，联系自己的教育教学实际，肯定有许多感想和体会，把感想和体会整理记录下来，就是读后感。读后感并不一定很难写，有一两点收获和体会即可。不少喜欢读书的教师却不会写读后感，这样对自己读书收获的提升是不高的。现在我已基本养成了凡读一本书必写读后感的习惯。读书笔记记多了，也要做好分类整理。我现在阅读苏霍姆林斯基，在电脑上专门建立了一个《苏霍姆林斯基教育观点摘录》的笔记专题，把他的各种教育观点在不同地方的论述都整理记录下来，至今已有60多页。这样只要需要他哪一方面的论述，打开笔记，信手拈来。

七、做好读书交流

为了巩固读书成果，也为了总结交流读书成果，读书交流有多种方式。如学校定期召开读书总结交流会；教师把读书笔记发在网上，或者群里等。同时对读书成果突出的给予奖励。学校也可以把读书笔记发表在校刊，乃至把教师的读书笔记结集出版。

八、阅读与实践相结合，学以致用

毛主席说："读书是学习，使用也是学习，而且是更重要的学习。"学校开展组织校本研修学习理论最终让教师应用理论。也就是说，一种理论、一种方法、一种技术只有让教师应用于教育教学实践，才能把"潜在的生产力"变成"现实的生产力"，才能发挥校本研修读书学习的最大作用。

读书还要与教育实践相结合。没有一位教育家的思想和实践能完全解决我们教育教学中遇到的问题，这关键在于我们教师个人多实践、多学习、多思考。我认为，阅读专业书籍，一定要与我们的教育现实和具体实际紧密结合起来。我想说的是，作为一名教师，应当树立一种向名师和教育家学习和看齐的思想，要善于学习，精于教书；要提升自己的教学个性，形成自己的教学风格；要发挥自己的教学优势，形成自己的教学特色；要不断总结反思，强化自己的自主成长。大家可以通过以上方式靠近名师，超越名师。

第八章
师徒结对校本研修策划

　　青年教师初出茅庐，踌躇满志，有期待、有渴望、有激情、有锐气、有个性。一句话，青年教师走上工作岗位的前几年最富有冲击力、爆发力和活力。这一步走得好不好，直接影响新教师知识掌握的广度和厚度、思维方法与思维品质的养成、创造精神和创造人格的塑造。

　　在学校，师徒结对校本研修是促进青年教师成长的最有效方法和途径。

 案例分享

千方百计争取来的师徒结对

　　现在大家都知道吴正宪是全国小学数学界知名特级教师。但是大家知道，她是怎样实现从一个中师毕业生到全国著名小学数学特级教师的跨越的吗？吴老师十六岁就参加工作了，正如她自己在文中所言：当我的一只脚刚刚踏进青春的门槛，另一只脚还流连于做学生的纯真时，就已经开始承担起成人的重任，而自己还仅仅是一个中师毕业生。那么后来她是怎样实现自己专业的快速成长呢？

　　原因可能是多方面的，但是她千方百计争取来了师徒结对的机会，拜师求艺，接受高人指点，是她获得成功的一个极其重要的因素。下面是吴老师的叙述：

　　一次，校长带领全校数学老师去听马芯兰老师的课（北京小学著名数学特级教师）。回校讨论时，都说马老师的课讲得真好！大家议论一番，赞扬一番，也就过去了。谁知吴正宪动心了，她向校长要求天天去听马老师的课，学习马老师的教学经验。"你的课怎么办？""给我调到上午三四节。""调多长时间？""先调三个月吧？""其他工作呢？""请领导相信我，我决不会让工作受到影响。"校长知道这是一位有个性的教师，就答应了她的要求。她每天天不亮，就把女儿从熟睡中叫起来，匆忙吃完早点，从东直门骑自行车把女儿送到天坛幼儿园，这时幼儿园的门还未开，她求看大门的老爷爷帮忙，等老师来了，把孩子送给老师；她再骑着自行车飞速赶到朝阳区幸福中心小学听马老师第一节数学课；课后与马老师交谈几句，骑车飞奔锦绣街小学后连上两节数学课；中午在学校吃饭、备课、改作业；放学后，到幼儿园接孩子回家；晚饭后，静下心来，整理听课笔记，写心得体会。这一圈路程有多远？家在北京的教师说至少有十七八里。这样，风雨无阻，三个月如一日，实实在在地完成了听课任务。家里亲人心疼，学校领导和教师都夸她有股子钻劲，她自己感到心里很充实。马老师先进的教学思想，明确的教学目标，鲜活的教改经验，与学生融为一体的师生关系，学生乐学、善学、爱学、会学的热烈场面，深深地感染着吴正宪。她暗暗下决心要学马老师这本真经。她向马老师告别时，双手握住马老师的手，两眼饱含晶莹的泪花，深情地鞠一躬，说："马老师，我回去整理一下自己的笔记，消化消化，有不明白的再来问。您永远是我的老师。谢谢！"马老师也动感情了，握紧她的手说："小吴，你能成功！"师徒两人，难舍难分，从此结下了深厚的友谊。

吴正宪老师拜的师傅多，她的徒弟也多。吴老师对拜师收徒是怎样想的呢？吴老师说："我的徒弟多，说明我好为人师；我拜的师傅多，说明我好为人徒。有不少青年教师要求拜我为师，还有写信要求的，有多少我也说不清，我一个也没有拒绝，他们说是徒弟，实际是我的朋友。我拜的师傅也不少，他们对我无微不至的关怀和真诚热心的帮助，使我终身难忘。他们既是我的老师，也是我的好友。我不但以师为师，以师为友，也以徒为友，以徒为师。"

教师怎样学习成长更有实效？翻烂一本经典，主攻一个专题，精研一位名家。师法名师，向成功的人学习成功的经验和方法，站在巨人的肩膀上，缩短成长距离，少走弯路，是吴正宪给正在成长中的骨干教师的重要启示。吴正宪老师后来之所以能成为一名名副其实的专家型教师，正是因为她虚心求艺、广交朋友、海纳百川。

问题分析

口授心传，言传身教

要知河水深浅，需问过河之人。当教师在专业成长中找不到奋斗目标，不知向何处走的时候；当教师在专业成长中遇到困难，遭受挫折，急需力量支持的时候；当教师在专业成长中学习、研究缺少方法，不知怎样做的时候，名师作为过来人，能为教师的专业成长指点迷津。师徒结对，效法名师，可让一些青年教师从山重水复疑无路的绝境，走进柳暗花明又一村的新天地。

吴正宪老师的成长实践证明，如今"师徒结对"仍然是一种培养青年教师的重要方法。它主要是依靠校本研修来进行的。

历史证明，拜师求艺是各行各业有所成就者的一条成功经验，如木匠、铁匠、篾匠、泥瓦匠、机修工、牙医等，再如琴、棋、书、画、戏、武等，无一例外。拜师求艺不失为一条捷径，它可使你少走弯路或不走弯路，尽快成才。

传统的"师带徒"，是指让徒弟跟随着富有经验的师傅一边工作一边学习，徒弟也在工作中逐步成长直至"出师"。许多"绝活儿"均依靠这种传统的"师带徒"保留至今。

毫无例外，"师带徒"也成为多少年学校培训教师的重要方法，后来又从"师带徒"发展为"师徒结对"。"师带徒"也好，"师徒结对"也好，都是校本研修的活动。"师徒结对"是在教育教学实践中，通过校本学习与培训，促进教师特别是青年教师专业成长的传统方式和有效模式，因此，被各级各类学校广泛应用。

（一）"师徒结对"校本研修的魅力

"师徒结对"校本研修之所以受到青睐，是因为其方法快捷，注重口授心传，言传身教，因材施教。一种动物或一个人要用最短的时间、最简洁的方法获得一种经验或一种技能，最快捷的方法莫过于模仿了。小动物的生存技能基本是从父母那里模仿学来的；孩子出生后，模仿大人们说话，渐渐学会了说话；人学歌曲，教歌的要领唱；运动员掌握一种高难度动作，教练总要做示范……

所以说模仿是动物，乃至人类学习的最简便、最快捷，也是最常用的重要方法。如果说，教师提升教学经验有什么捷径可走的话，那么模仿法——移植经验可以算是一种捷径。

特级教师薛法根也谈过这方面的体会。他说："我的教学功底是在一堂堂模仿课中练就的。移植别人优秀的、成功的科学成果，虽然是一种简单的验证性的实验研究，但对刚刚踏入教学和科研大门的青年教师来说，仍然不失为一条捷径——既能体验教育科研的过程，又可以夯实自己的科研基本功，还能缩短从教之初的适应期，取得明显教学效果。"

独学无友，孤陋寡闻，是教师专业成长的大忌。

"师徒结对"也在绝大多数学校应运而生。客观地说，"师徒结对"在最大程度上利用了现有的优质资源，充分发挥特级教师、各级学科带头人、骨干教师的"传、帮、带"作用，缩短了青年教师的成长周期，为年轻教师早日胜任某一学科的教学工作甚至成名成家搭建了宽广的平台。

（二）"师徒结对"校本研修负面效应

有一利，便有一弊。师带徒、师徒结对虽然是培养教师的一种好形式，但容易带来负面效应。如克隆现象、马赛克现象等。每个新教师都是一个独立的个体，他们本身具备一定的独立性和创造性。师带徒也好，师徒结对也好，一方面让他们在短期内学习了师傅的经验；但另一方面，如果处理不好，也会使他们受先入为主的束缚和限制而"失去自我"，影响新教师个性发展。

一方面，青年教师被看作"弱势群体"，是老教师或优秀教师帮助、教育、改造的对象，要以被管理者、被发展者的身份接受权威者"导师"的教导，所以，师与徒之间本真的平等关系变成了一种不平等、不和谐、不对称关系，应有的平等对话往往被霸权式交往所代替，双向的合作过程变成了单向的"传递"过程，应该时时刻刻进行的心灵接触过程被毫无意义的原理与技术灌输所代替；另一方面，目前在中小学校，由于受传统教师文化和自身教育经验的影响，许多老教师思想保守、专业化程度不高，而且对新的教育理念和方法的接受有阻碍或抵触抗拒，会自觉不自觉地因循守旧，不仅对青年教师的指导不到位，还对青年教师的变革与创新不予鼓励与支持，致使教学上的学术争鸣逐渐消失，青年教师的个性慢慢被扼杀，创新的火花渐渐熄灭，代际之间的学术"扬弃"行为更成为奢望。这样，经过"导师"系统的"训导"和青年教师长期的"模仿"，青年教师会局限于导师狭隘的经验之中，形成关于环境和工作的一套较为固定的心智模式和行为方式，并随着时间的推移和实践训练的反复，逐步沉淀在他们的意识深层，内化为个体思想文化，外化为行为习惯。长此以往，青年教师被打造成为与导师如出一辙的"复制品"。

（三）"师徒结对"校本研修基本形式

因每所学校具体情况不同、开展研修活动出发点不同，因此每所学校每次开展师徒结对校本研修活动也是有差别的。但就常规而言，"师徒结对"校本研修基本形式和内容包括以下九个方面。

1. 结对目标

（1）帮助新教师尽快成长，一年合格，两年胜任。

（2）帮助青年教师走上专业发展之路。

2. 教师"师徒结对"活动的基本内容

"师徒结对"活动主要围绕教学工作开展，包括备课、常态课、研究课、辅导、命题、阅卷、文章撰写以及课改和教学研究等工作。

3. 结对原则

自愿与统筹相结合。

4. 结对对象

师傅：骨干教师、拥有丰富教学经验的教师。

徒弟：（1）刚走上工作岗位的新教师；（2）教龄10年内的青年在职教师。

5. 结对程序

学校统筹→征求意见→签订协议→开展活动。学校组织举行师徒结对仪式，颁发聘书，签订师徒结对协议，建立师徒关系。

6. 结对期限

三年。

7. 师徒职责

（1）师傅做到"三带"

带师魂——敬业爱岗，负有责任心。

带师能——教育教学与教育科研的基本技能。

带师德——教书育人，为人师表。

（2）徒弟做到"三学"

学思想——学习教育教学理论，树立先进的教育理念。

学本领——熟练掌握教育教学和科研的基本功。

学为师——遵纪守规，诚实正直。

8. 具体要求

（1）师傅教师

①全面关心徒弟的工作、学习、生活和思想。加强与相关年级、班主任和学生联系，了解徒弟的日常工作情况，指导徒弟及时调整工作目标和工作方法。

②向徒弟介绍教学经验，提供教学信息，推荐学习书刊，使徒弟树立正确的教育思想和现代的教育理念。

③精心指导徒弟备好课，认真查阅教案，给予悉心指导并签注指导意见。每学期重点审阅3节备课教案。

④每学期听徒弟的课不少于4节，并认真记录，评议优缺点，写出指导意见，学期末上交备查。

⑤认真审查徒弟批改作业或试卷情况是否认真，是否达到要求，讲评是否有针对性，是否能提出改进意见。每学期重点审查批改情况至少5次。

⑥每学期指导徒弟上一节组内或校级公开课或汇报课。指导徒弟命制知识难点训练题1～2套。

⑦每学期指导徒弟写出一篇稍具质量的论文或案例。

⑧鼓励、指导、帮助徒弟积极参加各级各类竞赛活动，让徒弟得到更多的锻炼和提高。

⑨每学期末对徒弟做出一次书面综合评价。

（2）徒弟教师

①在师傅的指导下，对自身的教学情况和业务水平认真进行剖析，确立提高的方向与成长的目标。

②每学期在师傅的指导下，认真制订师徒结对工作学习计划，并在开学第三周交教导处。

③认真备课，主动求教，各种交流活动每学期不少于5次，并做好记录。

④主动听师傅的课，每学期不少于2节，听课要认真记录，并写出体会。学期结束记录上交备查。

⑤每学期上公开课或汇报课不少于1次，虚心听取意见并写好教后记。

⑥在师傅指导下，规范命制知识难点训练题1～2套。

⑦经常找师傅汇报自己的思想、学习和工作情况，积极参加各级各类竞赛活动。

⑧每学期撰写一篇教学论文或案例请师傅指正。

⑨平时加强学习并注意积累资料，写好学习笔记。学期末上交师徒结对工作总结一篇。

9. 管理与考核

（1）建立师徒结对工作领导小组

（2）建立评估考核与激励机制

师徒结对工作由校长室负责，由教导处实施常规管理，年级组配合开展活动。教导处建立"师徒结对"档案，记录师徒成长历程，作为晋职、评优的参考依据。根据师徒结对实施方案和协议要求，对师徒结对工作进行目标考核。强化对师徒进行捆绑式的管理、考核与评价。实行动态滚动管理。

（3）总结表彰

每学期末，新教师要进行一次公开汇报教学。届时，校领导、教导处、师徒结对工作领导组成员进行听评课，根据听评课结果和新老教师平时的听课、指导情况，进行总结表彰，对表现突出的新老教师分别授予优秀汇报课奖和优秀辅导奖等。

研修策划

有效"师徒结对"校本研修的策划

一、问题分析与解决对策

目前"师徒结对"校本研修在组织、目标、对象、形式、考核等方面存在着一些共性的问题。这些问题的存在，严重影响了这项活动的实际效果。

（一）变"拉郎配"为"相亲式"

在许多学校"师徒结对"校本研修中自发组成的"师徒"很少，多数是领导所点的"鸳鸯"。这种做法不是很科学，师傅为找不到合适的徒弟而苦恼，徒弟为找不到心仪的师傅而烦心。这种变指定"一个人"为"一群人"变相的自愿，实际上演绎成了变相的指定，师徒双方自然很难找到适合自己的人选。

为此不少学校变以往的"学校牵线"为"自愿组合"，充分利用师徒在教学风格、为人准则上的相似性，努力形成亲密的情感纽带，达到学术共研的良好局面。这是一种"相亲式"师徒结对。这就是两相情愿的结对，徒弟想拜，师傅愿收，一方愿意学，另一方乐意带。同时，确保出成绩、有实效。

学校要为师徒结对牵线搭桥，为师徒提供相识、结对的平台，制作出"学员库""导师库"，方便师徒了解彼此的基本信息。为实现更大范围的优质资源共享，教育主管部门和学校领导充分利用本地区的优质师资，为广大教师实现更大范围内的"师徒结对"积极创造条件，让"师徒结对"工作打破校际、城乡的时空壁垒，成为校际、城乡间的常态活动，让结对师徒有更大范围的自主选择余地，最大限度地找到适合自己的师傅或徒弟。此外，教育主管部门和各学校还可引导广大教师充分利用电脑网络，拓展"师徒结对"的时空，结成更多的"网络师徒"对子。

（二）变"闪电式"为"长相思"

大多数学校均在学年伊始举行新一轮的"师徒结对"活动，到学年结束对结对师徒的任务完成情况再进行全面的考核，至此，一年一度的"师徒结对"工作也就画上了句号，到下一学年则又举行新一届的"师徒结对"活动。青年教师的成长是一个相对漫长的过程，这种"师徒结对"活动的组织形式，往往造成结对师徒双方在"渐入佳境"时，"意未尽而活动止"的尴尬局面。这种做法显而易见的缺点是随意性强，周期短，系统性差，对青年教师缺乏理性和系统地培养。至于师傅的指导，也仅仅是就事论事、走过场而已。

为此学校在组织"师徒结对"活动时，要适当考虑青年教师成长的特点，适度延长"师徒结对"的周期，变"闪电式"为"长相思"，这样可以让师傅能够有充裕的时间系统地指导，也让徒弟能够有更多的机会系统地学习。

（三）变"空对空"为"实对实"

对于"师徒结对"工作的要求，大多数学校均把一系列事先罗列好的格式、条款以合同或责任状的形式呈送给师徒双方，要求双方在指定的位置签上自己的名字，以此作为对师徒双方量化指标要求。这些格式条款包括备课、上课、听课、理论业务学习、论文撰写等教育教学工作的各个方面，而最重要的指标仅仅是数量上面的要求而已，至于实质性的效果问题则几乎不做要求，更无暇顾及教师个人的特点及发展的需求。这种众人持一"状"的现象普遍存在，势必会导致"师徒结对"工作的"千人一面"，使得"师徒结对"工作止步在"求量不求质"的表层上。

为此学校以个性化的责任状取代格式化的责任状，是解决这一问题的根本办法。学校要根据徒弟的实际情况及发展需求，组织专门力量协同"结对"师徒双方制订出有针对性的帮教计划，落实好具体可行的考核办法。计划既要兼顾徒弟的全面发展，更要关注徒弟从教的核心素质技能的培养，要淡化数量与形式，注重"师徒结对"的实际效果。此外，师徒双方还要根据结对的要求，共同商定各个方面的努力方向，找出结对帮扶的主攻点和着力点，并制订出具体可行的行动计划。

（四）变"专制式"为"平等式"

在目前的"师徒结对"活动中，绝大多数师徒是师傅高高在上，徒弟则洗耳恭听、唯命是从。整个结对帮扶的过程最终演变成师傅教导徒弟单向传播的过程。徒弟的学习完全是被动的，师徒之间毫无互动可言。在这种情况下，"徒弟"往往受师傅个人经验、水平、风格及本身悟性的影响较大，易被师傅的个人教学思想所左右，就事论事，看不到更多的东西。

要避免上述这些弊端，"师徒结对"就应该变"专制式"为"平等式"。特级教师李镇西曾谈过这样一件事："1984年——也就是我参加工作的第三年，我迷上了魏书生。那时魏书生远远不是名人，但《语文教学通讯》介绍他的小文章，成为我'画瓢'的'葫芦'。于是，我语文教学的每一个环节上，都尽可能'逼真'地向他看齐，'课堂教学六步法'，画'知识树'，控制'三闲'……不能说这些学习一点效果也没有，但从总体上看，我并没有取得魏书生老师那辉煌的成绩。当时我很苦恼，却百思不得其解。直到后来，随着教育实践的积累和教育思考的深入，我才渐渐认识到，从某种意义上说，任何教师的教育都是不可重复的，因为教育的魅力在于个性。"

在向石涛和尚学画兰花的故事中，郑板桥说"十分学七要抛三，各有灵苗各自探"，这是为什么呢？郑板桥解释说："学一半抛一半，未尝全学；非花欲全，实不能全，亦不必全也。"一个人有一个人的个性，你不是齐白石，也不是徐悲鸿，名家也有他的成就，也有局限。学习是为了超过他，一味模仿，一辈子没有出息。正如齐白石说："学我者生，似我者死。"

一个教师的成长有赖于师傅的帮助与指导，更有赖于自己的勤奋学习和不断思考。作为一个徒弟，要在师傅指导的基础上，广泛学习文化基础知识和专业理论知识，要多听名家上课，多听名家讲座，多向身边同事和教育名家请教，不断反思自己的教学行为，这样才能形成自己独立的教学见解，才能和师傅形成良好的互动关系。

李镇西老师的成长对我们的启发是很大的，学习别人的经验往往会有三种态度：一种情况是照猫画虎，全盘照搬；另一种是不以为然，百般挑剔；还有一种是取其精华灵活运用。三种态度、三种做法会带来三种不同的结果。

（五）变"既得利"为"激励性"

绩效评定过于简单，活动考核缺乏激励性。不少师傅在指导徒弟时往往"留一手"的现象值得深层次思考。掩卷静思，这种"留一手"的现象本质就是利益之争，为的是在激烈的教学竞争中让自己拥有制胜的"撒手锏"，从而让自己的既有优势得以保持，既得利益不受损害。其更深层次的原因是不合理的评价制度。在大多数学校，对于结对的师徒双方一般都是分开考评，在具体的操作过程中，又往往出现"宽师傅、严徒弟"这样不同尺度的评价现象，这种"一边倒"的评价方式对师傅几乎无约束，势必会导致师傅"留一手"现象的产生。为防止这一现象产生，可制订以下两项制度。

1. 实行师傅间单向评比制度

在所有结对的师傅间，根据师傅所带徒弟的实际效果进行评优，评比的结果同个人的荣誉称号评比、职称晋级、职务晋升相挂钩，在师傅间形成良性的竞争，激励师傅在"师徒结对"活动中尽心尽力，争创佳绩。

2. 实行师徒间"利益捆绑"制度

把师徒捆绑起来进行"师徒结对"效果的考核，让师徒之间形成"利益共同体"，引导师徒走出"同行是冤家"的死胡同，共走双赢之路，获取结对效率的最大化。

"师徒结对"活动是各地方、各学校简明便捷的提高师资队伍素质的方法，愿这项活动在实施过程中，能克服目前存在的种种不足，切实成为广大名家名师展示自身才华的广阔舞台，成为广大青年快速成长、成名成家的宽广平台。

二、签订协议与举行仪式

通常学校开展师徒结对的程序是：学校统筹→征求意见→签订协议→开展活动。学校在统筹时要考虑上面的问题分析与解决对策。一般师徒结对协议模板包括以下内容：

师徒结对协议

师傅：_____教师

徒弟：_____教师

为加快青年教师的成长，按照区教育局有关精神，我们决定师徒结对。为使师徒双方进一步明确自己的职责，增强责任感，现签订师徒结对协议书，内容如下：

一、师傅承担的职责

1. 教书育人，为人师表，热爱学生，热爱教育事业，树立高尚的师德形象，在师德、工作态度、教学业务等方面为徒弟做出榜样。

2. 指导徒弟制订好每学期教学计划，期中、期末考试命题及试卷分析等，并单独交教务处检查。

3. 经常关心徒弟教育教学情况，及时帮助徒弟分析教材的重难点、制订教学目标和确定教学方法，要求徒弟写出规范具体的教案。

4. 每月至少听徒弟两节课，课后及时评价，共同研究改进教法的措施，并做好记录。每学期指导徒弟面向全校开一节汇报课，学校将组织有关教师进行听课评比。

5. 每学期为徒弟上一节示范课。

6. 每学期与徒弟共同学习一本教育教学理论书籍，并指导徒弟结合实践写一篇教育教学论文。

7. 每学期结束前，要写出本学期培养总结。

二、徒弟承担的职责

1. 热爱教育事业，热爱学校，关心学生，养成高尚的师德。

2. 认真钻研教育教学理论，认真执行教学常规，主动争取师傅的帮助，虚心学习，有疑必问。

3. 每周至少听两节课，其中一节为师傅的课，一节为其他教师的课。提倡多听课，特别是同教材的课。

4. 认真参加学校组织的各类评比活动，力争获胜。

5. 每学期必须上一节汇报课。

6. 每学期至少撰写一篇教育教学论文，必须写出学习收获。

三、甲乙双方各守其职，团结一致，共同履行协议。本协议书内容将列入教师个人年度考核，本协议书自签订之日起生效，协议期限为两年。协议书一式三份，甲、乙各执一份，另一份学校存档。

师傅：＿＿＿＿＿＿＿（签名）

徒弟：＿＿＿＿＿＿＿（签名）

教导处：＿＿＿＿＿＿＿（盖章）

三、规章制度，师徒结对成功的保证

学校开展师徒结对有相应的聘任制度、导师资格认定标准、师徒考核制度、师徒奖励制度等。而这些规章制度，保证了师徒结对的顺利开展。学校把培养新教师规章化，有长期的规划，又有每个时期的具体指导，多种师徒结对方式相互使用，力求最大限度地提高新教师的业务水平，能独当一面。

一般情况是：起步阶段，一师多徒；成长阶段，多师一徒；发展阶段，亦师亦徒。

随着新课程改革的不断深入，"师徒结对"必须不断创新形式，变"一师一徒"为"一师多徒""一徒多师"，做到重实效、重发展、重创新，挖掘其更深的内涵，发挥其更大的效能。利用"一师多徒""多师一徒""亦师亦徒"等形式促进师徒共同成长。即使是成长比较快的教师，也不能脱离师傅的牵引，但是这个阶段的任务就是千方百计让教师走出校园，参加锻炼。回来后向更年轻的教师交流经验，形成一种亦师亦徒的关系。

四、怎样当好师傅和徒弟

师徒结对的研修成效一个重要方面在于师傅和徒弟的角色扮演。即师傅当好师傅，徒弟当好徒弟。

（一）怎样当好师傅

怎样当好师傅呢？记住这几个关键词很重要。

1. 责任

责任重如泰山，作为师傅应该有胸怀、有情怀。当师徒双方都把教育作为一项事业而不仅是谋生的手段，抛开学分奖金，抛开名利之争，师徒之间就一定会结出才干，结出智慧，结出友情，而不是结出狐疑，结出争斗，结出冤家。如一位师傅说："我在努力践行着作为师傅所应尽的责任。张海滨老师非常好学，在教学中肯钻研，肯动脑，上进心很强，一个问题非把它'吃透'为止，这种钻研精神令我感到佩服，所以在帮助她的同时，我也在她身上学到了很多东西，也让我有了一定的提升。"

2. 目标

任何事情都要有周密性计划，有了计划才有方向，有了计划才有目标，才不会漫无目的，才不会无的放矢。如有对师徒说：我俩都各承担四个班的物理教学任务，还有竞赛辅导任务；备课、批改、编写试卷，任务繁重。但还是计划挤出时间相互听课评课8节，各自要完成一篇论文，班上的成绩要排在前面，上个学期我们是优秀师徒。

3. 欣赏

师徒结对最忌师傅总去挑徒弟的毛病，师傅应学会欣赏，千方百计去分析徒弟的优点和长处。有位师傅说："每个老师都有自己的特长、优势，也各有需要提高的地方，于是我认真分析周老师、葛老师的优缺点，对于她们好的地方，提出来一起学习，对于不足的地方，帮助其改正，使其在原有的基础上能够得到一定的发展、进步。最后根据这些，制订出了本学期的师徒结对计划，并根据计划开展一系列的活动。"

4. 示范

言传身教是师带徒的最好做法，所以师傅在指导青年教师中要多做示范。如上示范课、指导备课、指导课题研究等。一位师傅说："作为师傅，我尽心尽力上好每一堂示范课。上示范课前充分准备，不管是教具、教学过程都会精心设计，毫无保留地把我好的经验展示出来。上完课讨论，给徒弟讲解问题的处理方法，要徒弟总结感想、做出评课意见。也让徒弟从听课者的角度来看，教师应该怎样讲学生能更好地接受。听徒弟王永丽的课，我认真仔细听、记每一个细节过程。听完课及时评课，虽然她上得很好，声音好听，但有些内容处理上还有待改进。"

5. 耐心

做师傅指导徒弟，耐心十分重要。师傅不管怎样忙，当徒弟提出要求和问题时也应耐心解决，不能马上解决的要给予解释。师徒之间听一节课，听课本所记录的内容是有形的，在交流中产生的许多思想是无形的，在这有形与无形中我们的教学感觉都在逐步提高。师徒按照计划结合教学实际坚持每学期互听评课两次，做好听课记录，评课才实用有效。

6. 平等

徒弟和师傅是平等的，不管是听课还是评课，大家应该是站在同一起跑线上的、相互促进的。徒弟可以把教学上遇到的问题大胆提出来，哪怕是觉得师傅某个环节处理得不好，都要敢于表达。作为师傅也要能虚心接受，不能以自我为中心。师傅平时看徒弟备课、听课也都是一次学习的机会。只有这样，师徒才能真正做到相互促进、教学相长。有位师傅说："我与徒弟柯老师之间经常进行沟通与交流，不仅增进友谊，同时还加强了合作，互谈体会。在教学上，为了指导好他的教学，我也在课外研究教材，经常挤出时间和他一起探讨教学中的疑惑；对于他在教学上还认识不深的问题，我给予耐心地讲解、分析，同时也征求他的看法和意见，共同提高。就这样，我们的这种活动方式得到了认可，也收到了很好的效果。"

俗话说得好："师傅领进门，修行在个人。"当师傅的一定要鼓励徒弟放开手脚大胆开展工作，尤其要抓住自主学习成长这一点。这样才能成长得更快。

我怎样当好师傅

深圳翰林语文教师兼任深圳继教课开发及授课专家　武宏伟

"师徒结对"绝大多数是学校开展的活动，是领导所点的"鸳鸯"，自发组成的"师徒"很少。这种活动徒有虚名的多，名副其实的少。1993年左右，我已是校长兼党支部书记，还教初三作文课。这时市里开展一个叫作"希望工程"的活动，我被上级教学研究部门聘为首届"希望工程"导师。下聘书的那天，市里还在大会堂隆重举行了拜师仪式，让徒弟给师傅戴大红花。现在看来，我这个师傅是不称职的，由于当时的水平和现在比起来更有限，所以教给徒弟终身受用的东西甚少。但也许我这个师傅是校长的缘故，也许我那个徒弟是农村里的苦孩子……总之，这个徒弟学得很认真、很刻苦——主要是自我学习实践，所以成长得很快，后来也成了校长。

三十多年的教育教学生涯，我带了一批又一批的徒弟，现在，我仍然带徒弟，尤其是近几年我搞区、市、省乃至国家级的科研课题，总是吸收一些年轻人来一同参与，并希望以此来帮助他们提高自己的综合素质，实践证明效果还不错。

总结一下我带徒弟获取的经验和教训，我认为，教徒弟和教学生一样，都应注意如下几点：

第一，教做人比教做事重要。现在社会功利、浮躁得很，要教导年轻人戒懒为勤——勤于学习，善于积累；勤于思考，善于总结；勤于实践，勇于吃苦；勤于钻研，精于本职。戒骄为实——实事求是地对待自己，正视自己，脚踏实地地去做事，加强自我修养，谦虚谨慎。戒躁为稳——经得起诱惑，耐得住寂寞，无论在什么环境中都能保得住操守。戒势利为实力——"出淤泥而不染"，刻苦练就高尚的师德和业务本领。戒忌妒为奋斗——人各有志，每个人都有不同的能力，发现自己的特长，明确自己的人生目标，锲而不舍地去学习、实践，再学习、再实践，循环往复，就一定会闯出属于自己的成功之路。

第二，教方法比教知识重要。如何备课、上课、布置作业和批改才能扎实有效？如何进行教育科研等一系列教学流程的基本工作方法要使他们先知道。掌握了基础的东西之后再研究如何提高。必须讲究获取教学知识和技能的方式，如果不能以恰当的方式进行教学，即使是那些经过选择的知识和技能，也无助于年轻教师能力的培养和发展。叶圣陶先生曾说"教是为了不需要教"，这句话仍然适于师傅带徒弟，只有当徒弟掌握了正确的教学方式之后，他们才能自立自强。

第三，严师出高徒。"严"是一丝不苟地严格要求，它凭借的是师傅自己渊博的知识、高超的教学艺术、高尚的人格、严谨的治学精神；它强调的是师傅自身的智力、功底、修养、水平、品德等方面的总和在教育教学中的具体实践和示范。只有师傅的内功与徒弟教学活动相结合，才能外化为徒弟的显著进步。"严"要讲究方法，因材施教。

总结一下我拜师学艺获取的经验和教训，我认为，作为徒弟而言，如果懂得了上述师傅带徒弟的道理，就应该知道自己需要怎么做才能成为好徒弟的道理——要尊重师傅，亲其师才能信其道；要有一颗积极进取的上进心，虚心好学，尤其是善于自我学习和钻研；要能够出淤泥而不染，保持高尚的理想和追求，并能够持之以恒地刻苦努力，锲而不舍，百折不挠……

从师徒的双方角度看，师徒要平等对话，相互学习和帮助，相互理解和促动，教学相长。只有这样，师徒结对才能充分发挥作用。但是，目前有些学校和上级有关部门还没有深刻认识到这个问题的重要性，还停留在"师徒结对"的形式上，很少有如师傅的评聘资格、师徒结对的合同、双方的权利和义务、评价机制和劳动报酬等内容上的研究和实效性的举措。由此看来，完善师徒结对机制，使其扎实有效地开展才是当务之急。

（本文选自《"三者"合一教语文》）

（二）怎样当好徒弟

徒弟怎样向师傅学习应该考虑这样几个问题。

1. 方法途径

（1）读书

书籍是人类进步的阶梯。师傅的论文、专著、博客等记载着师傅的教育教学经验方法、对教材的理解和处理、先进的教学理念、人生感悟等。所以学习师傅首先要多读师傅的书，包括一些声像资料。

（2）听课

听课、评课是向师傅学习的又一种好方法。听课、评课包括两种情况：一是去听师傅的课，而后与之交流；二是请师傅听自己的课，让师傅给自己指导。无论是哪种形式，要取得预期的效果，教师都要做一些准备工作。

（3）请教

当面请教师傅是最简便、最常用的方法。请教应该注意这样几个问题：一是既然是请教，就要虚心，抱有诚恳的态度；二是要选好时机，避开师傅比较忙碌的时间；三是有所准备，想交流请教的内容要心中有数。

（4）网络

现代信息技术的发达也给教师向师傅学习提供了方便条件。所以教师可以通过网上下载资料。另外，通过 QQ 和邮箱等与师傅建立联系，参与一些教科研活动等。

（5）模仿

教学有法，不是一蹴而就，是先得"一法"后兼及"他法"，先学"一家"后师法"百家"，然后融众家之所长形成自己的风格，就像练书法一样，先"入格"而后"出格"。经验移植研究法的整个学习过程可概括为"学习→借鉴→内化→提高→实践与创新"。

基本程序是：第一步，学。教师在优选经验基础上翻印优秀教师的教学经验材料，收看优秀课例录像，而后通过同行的研讨，把优秀教师的先进思想、观念、课堂教学方法模式吃透。第二步，仿。这是在学习别人经验的基础上，"依葫芦画瓢"，模仿自己欣赏的课。学一课，管一类。第三步，创。这是在仿上"葫芦课"以后进行评论，同时对照优秀课例，联系模仿课的成效得失，再进行设计，起于模仿而高于模仿，逐步形成自己的教学特点和风格。第四步，写。就是把自己的教学经验和模式，借助理论对教学经验进行总结提炼，形成文字材料。这种文字或者是有一定层次的教育教学经验论文，或者是一种教学模式。这种写不一定是一次性完成，应根据"学—仿—创—写"的流程，经过几个回合后形成成型的经验材料。

2. 注意的问题

（1）真心真意地虚心请教，应该做到不齿于问

"善问者能过高山，不问者迷于平原。"既然我们是去学习的，不懂不会的就应虚心请教，不要碍于面子，不要怕人家看不起。

（2）既要虚心学习别人，又不能迷失了自己

有条件的情况下可以考虑多层面地求师，既有学科层面的，又有教学理论研究层面的；既有写作能力层面的，又有教学管理层面的等。

中国有句俗话："师傅领进门，修行在个人。"拜师求艺固然是好的，但并不能代替一个人的自主成长。方向可以由别人来指点，方法可以学，但路最终还是要靠自己走；知识方法可以传授，但能力不是讲出来的，不是机械套用的，是在实践中锻炼提高的。

（3）学习师傅的高贵品质

有的教师天真地认为，只要把名师的某种教学方法学到手，自然就大功告成了。其实不然。一位真正的名师，不仅仅是有独特的教学方法，更重要的是他们所具备的名师的品质。名师之所以成为名师，是因为名师除了具有一般教师所具有的素质外，还具有高于一般教师的特质，我们要学习名师就应去理解感悟他们的特质。研究表明，尽管每位名师的教学方法和个性不同，但是他们都有共同的名师特质，这也是青年教师需要向他们学习的地方。

<h3 style="text-align:center">怎样当好徒弟</h3>

过去的这一年，是我步入教师行业的第三个年头。在这一年里，我担任了高三（1）班的数学老师。我突然感觉身上的担子重了，怎么把握高考的方向？怎么提高学生的综合能力？这些问题让我陷入了困境，在此我要感谢高三数学备课组，特别感谢我的师傅——白岳龙老师，是他带我走出了教学的误区，是他用一节节课在我的教学道路上点起了一盏盏明灯。

1. 多听课，是提高教学业务的捷径

这一年我最大的收获就是听了将近200节课，努力跟上师傅的每一个进度，最终系统地学会了如何进行高三的综合复习。所以听课是我们青年教师成长的最

好途径，在听课中作比较，反思自己的教法，及时记录师傅的优点或某个知识点教法的感想，包括教学进度、知识的重难点突破、例题的精选精练、课堂容量以及节奏的轻重缓急等。

2. 多思考，不断探索，形成自己的教学风格

听课绝不是简单的模仿，全搬全讲，要根据自己所教班级的特点，适当调整难度，形成自己的教学风格和手段。比如说去年我教的一班，总体来说学生反应较慢，我能做的就是先夯实基础，再想办法拔出尖子。我就不能把白老师在尖子班讲的所有习题和多种解题方法都给他们讲，讲了反而使他们感到困难，打消了数学学习的积极性。于是我尽量教会他们用通法，我上课最常说的一句话就是"看到这个就这么做"，帮他们找到解题的切入点。尽量讲一道让他们照着模仿做一道，让他们把知识变成自己的。在我们师生共同努力下，一班数学在高考中取得了优异成绩。

3. 被听课，可以激励自己，鞭策自己，不断成熟

如果说师傅上课徒弟听是理论的积累过程，那么徒弟上课师傅听就是理论基础上的实践。师傅和备课组长尽量抽时间听我的课，每次他们都指出我的不足，提出建议，帮助我扬长避短，不断进步。可能很多年轻教师惧怕被听课，怕被揭短。所以端正态度是第一位的。被听课可以帮助我发现一些自己难以注意到的问题，放下了包袱，就会使我在有人听课比没人听课时的兴奋程度高出很多，讲课也就更加有激情，对学生的感染力就更大。

我感到师徒结对像一条无形的纽带联结在师徒之间，它使我们在有意无意中增加了交流和学习的机会，从而使各方面得到提高。作为徒弟，我想对大家说：

第一，尊重师傅，谦虚谨慎，主动听课，做好听课记录。

第二，珍惜这几年的美好时光，不虚度光阴，做一个有志向的青年教师。

第三，勤问，多思考，师徒结对，不是不要学生思考，反而更加强调徒弟独立思考，而不是死板照搬师傅的东西。应该吸收师傅传授的知识和观点，形成自己的知识体系，逐步形成自己的教学风格和特色，如果不是这样的话，师徒结对就失去了初衷。我们不仅要学习老教师的教学经验，更应该学习他们兢兢业业、脚踏实地的工作态度以及忘我的工作精神和无私奉献的高贵品质。

第四，主动承担办公室的清扫工作，多关心师傅的生活，做些力所能及的事。

第九章
骨干与名师引领示范校本研修策划

一个人能走多远，看他与谁同行；一个人有多优秀，看他有什么人指点；一个人有多成功，看他与什么人相伴。走近骨干与名师，解读骨干与名师，发挥骨干与名师的引领、示范与辐射作用是又一种重要校本研修模式。它能起到点亮一盏灯，照亮一大片的作用。

 **案例分享**

在广泛合作中追求教师特色发展

华东师大附属东昌中学校长　赵国弟

我校以"教师特色发展的实践研究"为载体的校本研修计划设计为八步，将历时三年，采用行动研究和小组合作研究方式展开。

第一步，自愿报名，按质分组，配备专家。由于教学特色发展的需要主体是教师，在统一思想、明确研究目标的前提下，采用自愿报名方式，可以很好地发挥教师的主动性。全校共有52名教师主动报名，然后分为8个小组（四个层面，文理两个类别）。

第二步，阐述自己的教学风格，规划自己的实践过程。每位教师都应有自己的教学特色，正如写文章，或质朴无华，或清丽温婉，或大气磅礴，或机敏厚重……教学特色是一个教师思考精神的体现，是独特素养的标识，它延续着教师的教学生命并长久地影响学生对该学科的兴趣。

第三步，完成对学生的调查。教师们通过问卷调查、谈话、师生交流等多种方式，从已经教过的学生和正在教的学生中全面调查，了解、整理自己的教学特色，听取学生的意见和建议，对自己的教学现状和特点进行再认识。

第四步，完成小组内外的同行评议。教师从同行处获得教学的全貌和看待问题的多重角度，了解与自己所追求的教学特色之间的差异。请同研修小组的教师听自己的课，提出具体意见和建议。听课结束后，召开同小组的听课交流活动，记录过程，面对面地倾听来自同行真实的体验和感受，再一次对自己的教学特色进行思考和整理。教师也可以邀请不同层面、不同类别的教师来听自己的课。在这样一种合作的氛围中，资源教师把自己的教学经验和专长奉献出来，供其他教师观摩分享，其他教师也敢于把自己在工作中的困难和困惑表达出来，以得到各个层面教师的点拨和帮助。

第五步，参与"东昌论坛"和"微型讲座"。这为教师营造了和谐的校园研讨的氛围，让教师们能在更广泛的层面，交流自己教育教学实践过程的得失，展现自己的教学特色，听取意见和建议，从而提炼出有自己特色的教学思想。

第六步，公开实践展示。用一周，或一个月，或一学期不等的时间（各阶段不同），展示教师的教学特色，呈现教学实绩。教师在开放的环境下共同反思并实践自己对教学的认识，不断广泛地吸收、扬弃、发展。

第七步，选择自己的教学特色，进行理性思考，在专家指导和同伴互助下开设专题性讲座。

第八步，分阶段完成实践专集《我的成长之路——教学特色的实践与形成》，全面总结实践过程及成果，研究存在的问题。这些源于个体的实践经验，可以在更大的层面帮助阐释教学中一般和特殊的问题，使更多的教师在教学实践中，找到解决问题的思路和方法。

 问题分析

点亮一盏灯，照亮一大片

上面"在广泛合作中追求教师特色发展"的案例分享，给我们提供一个如

何利用和发挥骨干与名师引领示范作用的校本研修的成功案例。被誉为"世界第一CED"的韦尔奇，曾提出了一个著名的"活动曲线"理论。他认为，任何一个组织中，必有20%的人是最好的，70%的人是中间状态的，10%的人是差的。这是一个动态的曲线，即每个部分所包含的具体的人一定是不断变化的。一个合格的领导者，必须随时掌握那20%优秀者的动向，并制定相应的机制；在70%的"中间者"中，发掘出有特长的人才，从而不断补充与更新20%的优秀者。这样，才能保证组织的持续发展。

上面这个著名的"活动曲线"理论让我们充分意识到，对一所学校来说，培养骨干教师并发挥其作用是多么重要。

什么是骨干教师？骨干教师常常是指在教师群体中，那些职业素养相对优异，在教育教学活动中能发挥骨干作用的教师。骨干教师是多层次、多类型的。从级别看有校级、县级（区级）、地级（市级）、省级、国家级骨干教师。从功能看可分为三种类型：教学类型，如教学能手、学科带头人等；教育类型，如优秀班主任、优秀团队辅导员、德育专家等；教研科研类型，如优秀教研员、科研员、电教人员等。骨干中的骨干通常又称为名师。

骨干教师的作用大致体现在以下几个方面。

1. 表率作用

中国有句话，榜样的力量是无穷的。下面介绍一下骨干教师的六种特征：①崇高的教育理想；②高尚的师德修养；③厚重的文化底蕴；④勤奋的学习态度；⑤可贵的探索精神；⑥独特的教学个性。其实就是给群体教师树立了榜样。骨干教师不仅为一般教师起到一种表率作用，而且也给学生起到一种表率的作用。

2. 示范作用

骨干教师在教师群体的专业成长中起着重要的引领作用。每一个骨干教师的成长史都是一本鲜活的教材。它记录了名师的奋斗过程和打拼精神，记录了他们不畏艰难和困苦、不怕挫折和失败、百折不挠和锲而不舍的精神，记录了他们对教育教学的不断感悟及各个时期的经验与成果。要知河水深浅，须问过河之人。作为成功者，骨干教师也算过来人，他们在专业成长中，有成功的经验，也有失败的教训。无论经验也好，教训也好，方法也好，策略也好，这都是教师专业成长过程中一笔宝贵的财富，对于一般教师来讲有着极其重要的借鉴意义，可使其他教师在探索中少走弯路，乃至不走弯路。骨干教师已研究总结出来的教学方法、教学经验、教学个性等科研成果更值得广大教师学习和借鉴。所谓"拨亮一盏灯，照亮一大片"就是这个道理。

3. 激励作用

骨干教师是一面旗帜，骨干教师的成功能给正在摸索成长中的教师一种希望和激励。通过骨干教师的成长，他们体会到名师离"我"并不遥远，努力不一定都能成功，但不努力，一定不会成功。

4. 辐射作用

俗话说，"十步之内，必有芳草"。"山不在高，有仙则名；水不在深，有龙则灵。"骨干教师和名师与名校是互为因果、相得益彰的。学校有了骨干教师和名师则易成为名校。所以，学校培养骨干教师和名师的过程，也是创建名校的过程。一个地区，一所学校有几个乃至十几个名师，就有可能将一个学校或地区的知名度提升起来。

普通的骨干教师可以通过选拔、培养来促进其尽快成长，但真正的名师是靠自己通过多年教育教学实践打拼出来的。所以，骨干教师和名师的成长应该是组织上的培养和教师自主发展很好结合起来的结果。

研修策划

骨干与名师成果资源的有效利用

通常骨干与名师资源的开发和利用可采取以下程序：选拔评定—教学经验研究成果开发—教学经验成果的交流与推广。限于篇幅，这里着重谈谈后两个问题。

一、骨干与名师成果资源的开发

骨干与名师教学经验与研究成果资源是一个宝库，通常是处于隐性状态的。如果要发挥其作用，就必须要进行挖掘和开发，将隐性成果显性化。

（一）资源开发内容

骨干与名师教学经验与研究成果内容也很广泛。但是应该重点开发研究以下几点：

1. 师德与教育情怀。

2. 教学主张（教学思想、经验）。

3. 课堂教学与教学法。

4. 经验与研究成果。

5. 个性与教学风格等。

（二）资源开发方法

在上面"在广泛合作中追求教师特色发展"的案例分享中，开发骨干与名师资源的方法是通过研究"教师教学风格"这个专题作为研修重点，采用八个步骤：自愿报名—梳理规划—风格调查—同行评议—思想交流—课堂展示—理性思考—成果物化。

开发骨干与名师教研资源的方法与途径有很多，这里提几点建议。

1. 对骨干与名师现有教研资料的收集整理。这里包括名师发表过的和没发表的论文专著、教学经验材料、典型教案、说课稿、教学后记等。

2. 听骨干与名师课。

3. 让骨干与名师以叙事的写作方法，回顾自己的专业成长经历，写教学自传，写教学案例。

4. 学生家长访谈。找骨干与名师的学生家长开座谈会，听取学生或家长对教师的评价（这种访谈应设计好访谈提纲，抓重点和特点，不可漫无边际）。

5. 领导、教师访谈。找熟悉名师的校长、教导主任和学科教师座谈，听取评价，挖掘名师教学经验的精髓和特色。

6. 请专家与骨干、名师座谈，为了更好总结名师的教学特色及教育思想，可以找教学研究的专业人员在一起座谈，进行理论概括。

（三）名师案例

薛法根档案1：

薛法根，男，1968年10月出生。1983年初中毕业考取江苏省新苏师范，1986年保送江苏省无锡师范大专班，1988年分配到吴江市第二实验小学（现改名为盛泽实验小学）工作。现为盛泽实验小学语文教师、副校长。中共党员，大学本科学历，中学高级教师。

主要专业特长：小学语文教学研究

主要业余爱好：书法、美术

主要休闲项目：读书

主要外形特征：弓腰（和学生在一起是那种自然俯身的姿势；走起路来，就像比较着急往前赶的样子）

主要缺点：唱歌五音不全（他自己不承认）

座右铭：孩子们的名字叫今天

生活信条：简简单单生活，踏踏实实做人

行为准则：要么不做，要做就做到最好

为人态度：诚恳、乐观

最推崇的人物：苏霍姆林斯基、魏书生

最喜欢的杂志：《读者》

最喜欢的书：太多（只要对教学研究和实践有启发的）

对自己影响最大的人物：母亲（从记事起，母亲就任劳任怨，整天不讲话，只是做）

成长三步曲：模仿—借鉴—创新

目前主攻课题："组块教学"实验研究

薛法根档案2：

内心独白：

学会了勤奋，你就会拥有教育的智慧；

学会了思考，你就会拥有自己的思想；

学会了宽容，你就会赢得别人的关爱；

学会了发现，你就会拥有成功的快乐；

学会了微笑，你就会获得开启心扉的钥匙；

学会了珍惜，你就会拥有生命的每一天。

理想的教育，能激活生命的潜能；

而教育的理想，则能提升生命的意义。

我愿以全部的智慧诠释理想的教育，用自己的生命演绎教育的理想。

科研记录：

1988—1990年，在中年级实验班开展"视听训练"实验研究；

1991—1994 年，进行"课内素描作文，课外循环日记"双轨作文教学研究；

1994—1995 年，着手于"落实语言训练，优化课堂教学"研究；

1996—1999 年，确定"顺应儿童言语心理，构建作文训练序列"课题；

自 1999 年开始，重点从事"小学语文组块教学实验研究"。

1990—2000 年，主持由学校承担的江苏省"八五"重点课题"以丝绸文化为背景，提高小城镇儿童素质综合实验"的研究工作，历任第一、二、三轮实验班语文教师，教科室副主任、主任，分管科研的副校长。10 年中，先后在《人民教育》《江苏教育》《小学语文教师》等杂志发表教学研究论文 50 多篇；组织教师完成了 57 个子课题的研究。

荣誉称号：

1995 年，江苏省优秀教育工作者。

1996 年，苏州市"十杰"教师。

1998 年，江苏省"红杉树"园丁奖金奖、江苏省小学语文特级教师。

1999 年，"江苏省名教师"。

2000 年，苏州市"十大杰出青年"。

2002 年，"全国模范教师"提名。

薛法根档案 3：

◆ "素描作文"。就是像素描写生一样，将所见的景物、事件如实地、生动具体地描述下来。这是小学中年级作文基本功训练的必修课。

◆ "循环日记"。就是以学习小组为单位（5～6人），每周围绕一个主题轮流记日记——第一个写的人除外，其他人在写日记之前，必须先看前一个人写的日记并写下评语。一周结束，交给老师批阅。小组长每周一总结上周日记，写一个简单的回顾。班级每周评出最佳日记小组，把好的日记在班级朗读、评析、展示。这是调动小学生写作兴趣的有效方法。

◆ "组块教学"。建立在语文学习心理学原理上的一种教学方法，即以培养学生的语文运用能力为主线，将零散的语文训练项目整合成综合的语文实践板块，使学生在生动活泼的语文实践活动中获得充分和谐的整体发展。其基本特点是：①在内容上基于教材，植根于生活，将鲜活的生活素材融入课文，引进课堂，及时充实、调整、重组教学内容，具有开放性。②在结构上突破线性思路，采取板块式的教学结构，凸显教学重点，拓宽教学时空，更具灵活性。③在功效上，实现一个板块活动达到多个教学目标，减少无效劳动，具有增值性。组块教学强调四个走向：走向智慧、走向生活、走向综合、走向应用。其基本课堂结构包括四个基本要点——读、联、悟、习。"读"，包括听读、议读、参读等。让学生熟读是这一步的主要目标；"联"，包括语言形式、结构和语言内容之间的联系；"悟"，指学生自得自悟，领悟言外之意，体悟意中之情，感悟语言表达规律。在教学中，"联"和"悟"往往合二为一，主要完成理解课文内容和语言表达规律的任务。最后一个环节是"习"，可以是有感情地朗读，可以是练笔（学习课文的表达方法，也可以是补充课外阅读等）。总之，是内化和运用语言，是小学语文教学的最后落脚点。

薛法根档案4：

（只言片语）：

有人教了10年书，却仍然只有1年的水平；有人只教了1年，却具有别人教10年的水平。原因很简单，前者每年所做的只是前一年的简单重复，比如备课写教案，今年抄去年，明年抄今年，辛辛苦苦抄了10年，也没有达到别人下功夫研究一年的水平，自然也就没有什么长进，没有什么成功乐趣。世界上最枯燥的事莫过于简单重复。"教学是一门科学，科学的价值在于求真；教学也是一门艺术，艺术的生命在于创新。"不管是求真还是创新，都需要我们进行实事求是的科学研究和脚踏实地的辛勤实践。否则，就会一事无成，更会误人子弟。

我的作文教学功底是在一堂堂模仿课中练就的。移植别人优秀的、成功的科学成果，虽然是一种简单的验证性的实验研究，但对于刚刚踏进教学和科研大门的青年教师来说，仍然不失为一条捷径——既能体验教育教研的过程，又可夯实自己的科研基本功，还能缩短从教之初的适应期，取得明显的教学效果。

真理总是简单而又深刻的。我们在教育科研中追求的应该是大智慧，而不一定是大课题。

教育科研就像一块三棱镜，既使平凡的工作折射出生命的光彩，又使平凡的教学显现出研究的价值，更能使人转换视角，发现一个新的研究天地。不是吗？教育科研带给人的新思想、新理念，无形中提升了人的理论视界，使人从山脚一下子站到了山峰上，所见的自然就不同。因此，依托教育科研就是借双慧眼看教学、看问题，正所谓"跳出教育看教育"。

教育科研需要新思想、新理念，而能否拥有教育的新思想，除了教育实践，还需要我们走进经典——读书。

阅读应该成为我们一种美好的生活方式。小学教师要有书卷气（不是书生气），要安安静静坐下来读点书，不要浮躁，不要急功近利。

（选自《江苏教育》2003.4B）

二、骨干与名师资源利用和成果推广应用

多年来一些中小学在推广名师的教学经验方面有许多好的做法，如组织观摩研讨名师的课堂教学，组织听取名师的经验介绍或学术报告，印发并组织学习名师的经验材料等，但无论用哪种形式都应注意以下几个问题。

1. 立足本校，倡导自我推广

为了避免"墙内开花墙外红"的现象，名师的科研成果先"自产自销"，以坚持研究和扩展取得的成果。

2. 先易后难，边研究边推广

中小学教师学习应用新的科研成果有一个由浅入深、循序渐进的过程，为此推广先进科研成果也应先抓试点。通过现场观摩或成果展示，学习者能看得见，摸得着，从而增强学习应用新成果的信心。

3. 既学习又不简单照搬

推广应用教育科研成果不应简单照搬，重在因地制宜。消化吸收学习别人的教育教学经验和成果往往会有三种态度：一种情况是照猫画虎，全盘照搬；一种是不以为然，百般挑剔；还有一种是取其精华灵活运用。显而易见，第三种态度和做法是值得提倡的。

下面具体说说学校常见骨干与名师资源的利用和成果推广应用的方法。

（一）报告

举办骨干教师经验汇报会或专题讲座，或请骨干或名师做经验性报告，是学校最常用的一种方式。骨干、名师成长的历程是一种有价值的可利用的资源，将其成长的过程展示出来，对其他教师教学水平的提高有借鉴意义。将他们在某一方面的研究成果以专题报告的形式展示出来，对开阔广大教师的眼界，增强他们的研究意识也很有帮助。因此，每学期都可以在每一学科中选一位名教师做个人经验介绍或专题报告，报告时间选在学期开学前进行，届时将邀请有关部门及专

家参与点评。报告结束后，将他们的材料连同专家的点评结集印刷，发给大家学习。这样的活动不仅可提高名师们的研究意识和水平，还可以形成各学科较浓厚的研究氛围，促进广大教师向教育教学的高层次发展。

（二）送课

名师的课堂教学往往是他们教学理念的体现、教学经验的凝结和教学智慧的展示，能够给广大教师以思考和启迪，有利于提高他们的业务素质和教学能力。每学期可以在每个学科安排一到两名名师上公开课或示范课，形成面向全校、全区和全市三个开课层次。在开学初就确定好开课的人员和具体时间，至于教学内容则由名师自己确定。上完课，主讲教师要与听课人员参加座谈会，由主讲教师陈述本节课的教学目标、教学设计和教后感受等，其他教师从不同方面评议，提出自己的看法。从上课到评课全程都有录像，形成材料，以备其他教师学习、讨论和借鉴。

骨干与名师送课应避免以下几种情况。

1. 虚假性

有些公开课与平时上课完全两样，给人以"假"的感觉。有些教师为了使公开课能得到好评，课前做好学生的思想工作，反复揣摩演练上课内容，备课集中了集体智慧。

2. 表演性

有些教师上公开课好像在舞台上演戏，表面上看热热闹闹、花样不断，实则毫无用处，只是做给听课的人看看而已。这类公开课华而不实，收不到实际教学效果。

3. 盲目性

不少教师认为公开课只是上给听课的人看的，只要他们能肯定就好了，所以在教学当中往往脱离学生实际，不能因材施教。现在，有些教师借班上公开课这种现象尤其严重，因对教学对象不了解而存在严重的教与学脱节现象。

（三）评课

条条大路通罗马，但是乘飞机就比乘汽车快。提升教师专业成长的方法途径固然很多，但来自一线教师的真实体会证明，听课评课活动确实是教师最常用、最实用的一种方法。骨干与名师听课评课指导是一种"短平快"的精研形式。

实践是理论的故乡，骨干与名师是先进教育思想、教学方法、教育技术的载体，他们融理论与实践于一体。与教育理论比，名师的教学经验更具有可操作性。又因为他们就在广大教师的身边，因此把他们的经验、研究成果展示出来，更亲切生动，令人佩服。所以，通过听课评课来指导青年教师是很有效的。

学校充分发挥校内骨干的优质资源优势，建立更为明确科学的骨干教师培养机制，有计划、有步骤地开展高层次优秀教师培养工作。由骨干教师成员全员参与并承担的校本培训工作，不仅提高了教师培训的水平，还发挥了名优教师的传帮带作用。有位教师说："三十多年的教育生涯中，帮助我专业成长的学习方式固然很多，但听课评课活动确实是最好的一种方法。它使我的业务水平在不知不觉中提高，技能技巧在听评中产生，教研能力在听评中加强，教学理念在听评中升华。所以，我对听课评课这种学习方式有着特殊的感情。"

（四）结对

为了加快青年教师的培养和成长，优化学科师资队伍结构，学校推选一批有教学经验的骨干或名师做"帮带"教师，和青年教师签订结对"帮带"协议。"协议书"就是"责任书"。要想做好"传、帮、带"工作，"帮带"教师首先要做到言传身教，率先垂范，在教学上，在师德上，在业务技能上都要做出表率作用，将自己多年的工作经验和教学经验毫无保留地传给新教师，在年轻教师遇到困难时一定给予真诚的关心与帮助，扶持他们走出困境。每学年开始，教研部门可以为青年教师选择相应的骨干或名师做师傅。要求徒弟在备课、上课、批改作业和个别辅导等诸方面要虚心向师傅请教。要求师傅要乐于指导徒弟，要不定期听徒弟的课，指出他们存在的不足，帮助他们改进教学方法。采取这种做法，可以缩短青年教师的成长周期，较快地提高各校教师的整体实力。

（五）助研

名师和骨干教师在教研、科研活动中可以很好地引领青年教师。这个可以通过案例的形式来做。骨干教师在教育教学实践中收集和积累教学实例，在引领教师培训活动中，选取与主题相关的案例供大家从理论上进行分析研究的培训形式。案例教学是教师专业化发展的重要途径，适用于各种不同层次的教师培训。骨干教师要凭借案例提供的事实，首先进行理性思考，做出自己的分析判断。在讨论案例时，启发每个教师产生不同的视点，在学校同一年级或同一学科组（备课组）的教育教学工作实践中，经常会遇到一些紧要的实际问题。虽然这些问题涉及范围比较小（在同一年级或同一学科组内），但往往是有关教师迫切需要解决的，学校可以把有这些问题的相关人员或者对这些问题感兴趣的教师组织在一起，通过骨干教师的引领，组织教师寻找有关的资料，通过学习、交流、反思、讨论，共同研究解决问题的办法。学习与研究，是解决问题的过程，也是教师自我培训的过程。

三、"请进来，走出去"——校外名师资源的利用

校本培训，不一定得是"在本校中"。校本培训的组织方式可以有校际间活动、"请进来，走出去"、网络交互、学科带头人和骨干教师的引领等。

请专家到校搞讲座，请专家到校指导工作这也是一个很有效的校本研修模式，但关键是要组织好。通常应注意以下几个问题。

1. 找准对象

以往普通教师为何难以从名家的讲座中学有所获，主要原因是有距离。应该说有的名家的学识与实践经验是普通教师不能比的，如教研环境不同，教学对象不同，从事的工作性质不同。或者说有些名家对中小学普通教师所处的环境、工作难度根本就不了解。名师用他所处的环境问题来要求普通教师，显然是不妥当的。

所以学校请专家应考虑这样几个问题：一是尽可能是本市的；二是专家熟悉本校情况或者本校与专家所在学校情况差不多；三是有较长任教经验的。这样，专家无论是搞讲座还是指导工作都容易引起教师的共鸣。

2. 沟通情况

每次请专家时为了避免盲目，应针对想解决什么问题和专家提前沟通，特别是要谈困难、讲问题，主动真实地向专家谈困难，汇报学校在某学科或某环节上存在问题，让专家做好准备，为教师拿出解决问题的药方，这样专家的讲座和指导才能到位。

3. 及时反刍

很多学校每周举行一次看名家的教学光碟或者听名家讲座的培训学习活动，教师的笔记本上记得密密麻麻，然而除了领导检查时看看外，极少有人愿意再翻动它，更别说指导教师教育教学实践了。让名家讲座、名家讲课真正走近普通教

师，听者真正"消化"得了，及时"反刍"，尤为重要。学校首先不要总以检查的名义令教师拼命地记录，教师可以随意记录自己在听讲的过程中有所感悟的东西，有重点地记，这样也不会因为只顾记而漏听了重要内容。讲座后，可安排专家和听课教师的互动环节。在这个环节里，教师可以谈一谈自己的收获，也可以把问题提出来让大家共同探讨，在这个过程中一些理论性的东西可以及时内化。而对于观看专家的教学光盘，完全可以让教师在观看后像平时听研讨课一样，各抒己见，进行一次小规模的评课活动。普通教师的课堂与名家的课堂是有差距的，而评课的过程，就是对名家好的方法的一种筛选，选择适合自己学生情况的方法，继而教师在实践应用中形成自己的东西，这其实就是一种内化和创新的过程。

第十章
小课题研究驱动校本研修策划

如果你能对名教师、名校长、名学校做一番考察的话，你会惊奇地发现，他们的成名和积极开展教育科研有关。如果这不是一种偶然的巧合，据此是不是可以得出这样的结论：要出名教师、名校长、名学校就必须走教育科研之路。

课题—任务—动力—研究，用任务驱动研究，这是一些中小学培训教师促进教师专业成长的一种好方法。那么，怎样用课题牵动的方式来开展教研活动，本章来讨论这一问题。

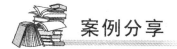 案例分享

抓本质、破难点、求实效，积极开展小课题研究

辽宁省本溪满族自治县小市镇中心学校

尊敬的各位领导、各位同人：

大家好！

我们小市镇中心学校坐落在风景秀丽的观音山脚下，依傍在碧波荡漾的太子河畔。学校占地面积 21254 平方米，共有 36 个教学班，2227 名学生，176 名教师，是本溪县最大的一所农村寄宿制学校。2010 年 4 月份以来，在县师校科研部的具体指导下，我校在姚淑萍、高俊龙前后两任校长的带领下，以小课题研究为抓手，带动教师专业成长，促进学校内涵发展，取得了阶段性的成果。2010 年

12 月 1 日本溪县教育科研小课题研究现场会在我校召开，得到市学院科研专家、县教育局领导的高度评价。下面，我代表学校高俊龙校长，把我校开展小课题研究的核心工作向大家汇报。

一、研究目的

（一）让教师以研究的姿态开展工作

有人教了 10 年书，却仍然只有 1 年的水平；有人只教了 1 年，却具有别人教 10 年的水平。这是为什么？两者的区别究竟在哪里？前者不重视学习和研究，只是走老路，每一学期磨道式地简单重复，所以年复一年，10 年还是老样子。后者注重边工作、边学习、边研究，一学期一个台阶，一年一个样子。实际上，优秀教师就是这样成长起来的。本课题旨在以教师开展小课题引领教师专业成长，帮助教师积累专业生活经验、丰富和提升教师的实践智慧、促进教师专业成长。

（二）建立交流平台，挖掘教师智慧资源

十步之内，必有芳草。中心小学的教师在教育教学方面存在巨大的智慧潜能，这是不可忽视的宝贵资源。开展小课题研究活动，可以挖掘教师的智慧资源，建立学习交流平台，促进教师之间的互助学习。

（三）以小课题研究突破创新，办特色学校

没有创新是没有出路的，要办好一所学校没有特色不行。我们要以小课题的研究创新为突破口，办出我校的特色。

（四）促进学校教学质量的全面提高

教育为本，质量为魂，质量是学校的生命线。本课题研究推进"低重心、大面积、专题式"的贴近教育教学实际的群众性草根式教育教学研究，使教育科研有效地发挥改进教育教学、解决教育教学中所面临的实际问题的作用，最终促进学校教学质量的提高。

二、参与研究的对象

中心小学有职称的教师，人人必须参与，其他教师欢迎参加。可以是个人独立研究，也可以是小组研究。小组一般为 1～3 人，不得超过 3 人。要努力营造"科科有课题，人人有专题，个个搞研究"的氛围。

三、小课题研究策略

（一）选题策略

选题本着小、活、实、快的原则。"小"，研究的范围小，内容具体，但有价值；"活"，没有固定的研究方法，教师可以根据自己的实际来确定采用什么研究方法；"实"，是本学科、本班、教育教学实际问题，在教中研、在研中教，研究成果体现在教育教学的改进和有效上，凸显实效性；"快"，即见效快。

（二）研究程序策略

本次小课题研究有五个基本程序：一是选题，二是计划，三是实施，四是反思与再研究，五是研究成果的总结与表述。

小课题研究方案（计划）制订基本要求：

1. 提出问题（说明要研究的问题）。针对什么实际问题确立了小课题？研究这个小课题有什么实际意义？

2. 研究内容（明确研究的内容）。界定题目中的关键词，也就是研究的内容、重点、范围、对象等。

3. 研究实施（怎样实施研究）。

（1）起止时间的规划，最好安排到周次，明确指明结束的时间。

（2）明确每段时间内要完成的研究任务，分别采取什么方法。

4. 成果及形式。

（1）过程性成果，如课例、案例反思、故事。

（2）最终成果，最好形成《×××××研究报告》。

（详见《小课题申请表》）

四、研究时间与步骤

本次活动为 2010 年 4 月 20 日至 2010 年 7 月 15 日，本次研究确定两个半月时间，每个人都要拿出阶段性研究成果。如果有价值和有兴趣，可转下学期继续滚动研究。

本次活动大体分为五个阶段（不是固定的，每个教师和研究小组可灵活掌握）：

第一阶段：2010年4月20日至4月30日为宣传动员培训和教师选题阶段。

第二阶段：2010年5月1日至6月15日为制订计划和小课题申报阶段。

第三阶段：2010年6月16日至10月15日为实施研究阶段。

第四阶段：2010年10月16日至10月18日为课堂总结与成果验收阶段。

第五阶段：2010年10月19日至11月30日为总结交流研究成果阶段。

本次活动的后期学校采取丰富多样的成果推广形式，搭建展示小课题研究成果的平台，如开展课堂研讨、科研沙龙、小课题成果交流会、小课题论文评比等活动；汇编《中心小学小课题研究成果集》。

五、初步效果

这项课题规划运行了三年，取得了可喜的成绩。教师形成了研究的风气，学校初步凝成"研究"这个特色，取得了改进工作的实效。在第一轮小课题研究中，全校有124名教师参与，申报小课题124项，最后取得86项研究成果。这些成果荟萃于吉林大学出版社出版的《春风化雨》和《故事中的科学》两本书中。教师教育能力普遍有了提高。小课题研究提高了日常工作的科学性和艺术性。更有趣的是，老师边研究、边改变、边提高。2010年12月16日，本溪县中小学小课题研究现场会在这里召开。在2013年5月17日召开的"本溪市内涵发展暨小课题研究成果展示会"上，该校做了经验介绍。

"莫谓登上最高处，一山过后又一山。"我们深知我们的小课题研究还仅仅是开始，未来的路还很漫长，不过我们有决心将小课题研究进行到底。

六、经验与反思

在一年的实验中，我们分方案构思、广泛动员、教师实施、总结提炼四个阶段展开。在这四个阶段中，教师容易出现的几个问题我们是这样解决的。

（一）教师不愿干怎么办，怎样才能让教师行动起来

"一个不想蹚过小河的人，自然不想远涉重洋"，面对这个问题，我们采取了4种措施：

1. 消除畏惧心理，进行精神鼓励。我们在培训会上详细讲解小课题"小、活、实、快"的特点，列举小课题研究的实例，使教师感到小课题不像想象中那么难，每个人都能搞；小课题研究根据个人兴趣，紧密结合日常工作，解决实际问题，不是额外负担，教师愿意搞。

2. 与评先晋级挂钩，进行政策推动。人总是有惰性的，这种惰性往往来自对固有方式的依赖和对新事物的畏惧。因此，我们采取政策激励，逼个别教师搞研究。

3. 明确各阶段工作内容，进行任务驱动。每个阶段的时间宽松并富有弹性，工作任务明确集中。分步实施，按段验收。

4. 实施骨干教师示范引路的策略，进行名师带动。在制订实施方案时，我们出示了原大队辅导员刘秀红《利用传统节日，进行民族文化教育的研究》的方案；在帮助教师提炼研究成果时，我们展示了信息技术课教师石卓的《巧用尖子生的一二三四》的论文；引导教师在课堂上展示研究成果时，安排骨干教师上观摩课。用身边的名师为群体打模立样。

（二）开展小课题研究最难的是什么

回顾过去小课题研究历程，教师依次出现了三个高原期，通俗地说教师出现过三道坎儿。

第一道坎儿，教师对小课题研究的理解认识上存在误区。一提到科研，头脑中第一反应就是高深的理论，繁杂的过程，有重大影响的成果。具体表现为：阐述研究背景时不是从自己身边的工作出发，介绍确立课题的缘由，而是搬出大理论。在确定研究目标时过高过多，教师自己就给自己弄难了，自己给自己捆绑住了。克服教师头脑中固有的这种意识非常难，然而"这层窗户纸捅破了"，其他工作就迎刃而解了。

第二道坎儿，教师对小课题实施的切入点的选择感到迷茫。罗曼·罗兰曾说："努力的理解，为的是行动。"可我们老师课题确定了，方案设计完了，具体实施时从哪入手呢？怎么做呢？又感到无从下手了。有的教师会在这个阶段徘徊很长时间，严重影响小课题研究的进程。我们采取的措施是邀请师校徐校长及科研部的同志，加上学校教务处的领导，利用5天的时间对小课题的实施者进行一对一的指导，引导教师选择一个恰当的角度展开自己的教学研究。

第三道坎儿，研究成果的提炼不到位。坦率地说，我们的许多教师研究工作没少做，零零散散的取得了不少成就，但他们总结时要么妄自菲薄，轻视自己研究中的所感所悟，没有认识到这就是有价值的成果；要么泛泛地罗列，所述成果不明晰，不精练，做得有余，写得不够，给人一种"茶壶煮饺子——倒不出来"的感觉。我们鼓励前者珍视自己的研究成果，反复捶打，整理出来；针对后者，采取同伴互助的形式，通过学校指派与个人寻求相结合的方式，充分发挥学校文字功夫较好教师的优势，帮助他们对研究成果进行归纳提炼，把小课题研究成果显现出来。

（三）怎样才能使小课题研究取得实效不走过场

"去苛礼而务至诚，黜虚名而求实效"，这是苏轼的名言。然而开展小课题研究容易出现"雷声大雨点小"，开始时轰轰烈烈，最后无声无息的局面。为了保证我们学校小课题研究开展得扎扎实实，取得实效，我们采取的是"培训—示范—操作—评价"一条龙的措施，让教师在课题选择、方案制订、研究深入、成果总结的每一个阶段都经历这个循环往复。例如，在小课题研究成果提炼阶段，我们请师校徐校长、刘主任分别进行"怎样提高课堂有效性""怎样提炼小课题研究成果"的辅导，又让朴丽娜老师做了小课题成果汇报，赵爽老师又上了一节成果展示课，使全校教师感到方法有了辅导，操作有了参照。总之，我们做到了面上培训，点上指导。

问题分析

课题研究要重实际，讲实效

一、为什么要重小课题研究

对传统的教育科研做一番反省，就会发现：过去的教育科研太深奥，不知从何下手；过去的教育科研程式太烦琐，要耗费大量的时间，实际上却是步履艰难。

当然，多年来学校科研工作取得了很大成绩，但其实效性也遭受拷问。如课题越搞越大，问题越研究越难，课题越申报越高，文章越写越空，研究成果越研究越离谱。立项的多，结题的少；研究成果评比奖励的多，推广运用的少；论文著作发表出版的多，阅读应用的少。"繁荣"的背后存在"泡沫"。

那么，怎样提高科研工作的实效性呢？不能走大路，就走小路；不能搞大课题，就搞小课题。

二、什么是小课题研究

什么是小课题研究？小课题研究是一种"草根式"的小型化研究，它是教师在自己的教育教学实践中把遇到的问题作为课题，运用教育科研方法，由教师个人或几个人合作，在不长的时间内共同研究取得结果，其研究结果直接被应用于参与研究教师的教育教学实践工作中去，并取得实效的研究。中小学教师更适合搞小课题研究。

从范围看，与大课题研究相对而言，小课题就是小的研究项目，研究范围是局部的、微观的，研究内容更加具体、实在、明确，研究难度更小，属于"有用、可做、易成功"的草根式研究，具有切口小、方向明、周期短、投资少、见效快等特点。例如，"怎样提高学生预习效果的研究""怎样培养小学生倾听习惯的研究""怎样鼓励学生大胆发言的研究""怎样提高小学生计算能力的研究""小学英语课导入方法的研究""怎样克服学生考试和作业马虎的研究""怎样培养和使用小干部的研究"等。

从策略看，小课题是一种校本研究，强调教师的自觉行动，是教师的自我研究。小课题研究要求，教师根据自己的兴趣，利用自己空闲的时间，结合自己的教学实践，针对自己工作中的困惑，立足自己本校的实际，做自己想做的事情，做自己能做的课题。它的特点可以概括为个人化、校本化、常态化。

从时间看，研究的周期短，可以是一两个月、半年或一年。

从成果看，研究成果可以是一份有层次的总结报告，一堂展示课的纪实案例，一个独特的教学设计，一张既能考核知识又能测量能力的考试卷，一篇有质量的教学论文等；也可以是研究小报告，有创意、实用性强的课件、专题访谈记录、调查问卷及报告、学生作品；还可以是音像作品、图表、教具等实物。

研修策划

怎样组织教师做小课题研究

学校开展小课题研究应该着重抓好这样几件事。

一、加强组织领导

能否把一件事抓好，首先看领导是不是重视。一所学校教师能不能将小课题工作搞好也要看学校领导是不是重视这项工作。所以学校要抓好教师小课题工作，学校领导必须重视，把这项工作列入学校日常工作议程，学校主要领导不仅要亲自抓，还应该委派业务领导具体负责。有条件的学校应该成立科研室，具体负责教师小课题研究的组织、指导、管理等工作。

教师小课题研究实行个人、学科组、年级部、学校"四级管理"机制，以个人自我管理为主。具体来说，个人负责自主选题、课题申报、实践研究、中期报告、结题答辩等；学科组负责组织交流与分享，包括"选题"阶段的教师沙龙、"开题"阶段的集中开题、"研究"阶段的教学观摩和主题研讨等；年级部负责课题推荐、过程管理、中期检查和全程评价，学科组要建立"教师小课题研究"指导站，由学科领导、年级组长、骨干教师担任指导教师，实行专业引领、同伴互助；学校则负责组织培训、课题立项、答辩鉴定、成果展示和经费支持等工作，学校成立"教师小课题研究领导小组"，具体工作由科研处负责。

学校建立一套严谨的小课题研究工作运行机制，即校长决策调控—专家咨询指导—教导处具体负责—教研组、各科研究会落实—一线教师开展实施。实施管理中各负其责，层层把关。切实在全校形成一个"全员参与，个个尝试，人人研究"的良好局面，切实让教师走一条"学习—研究—实践—提升—再实践"相结合的专业发展路子和"自我发现—自我反思—自我（合作）解决"的小课题研究探索途径。

二、抓住五个结合

（一）研究与培训结合

怎样调动和培养好教师这个团队去搞好小课题研究？一个最重要的方法就是

培训，为他们找到前进的方向、动力和方法。因为人的发展既需要动力，更要找准方向，制定措施，脚踏实地。科学规划是促进人的发展比较有效的方式之一。

为了切实抓好小课题研究工作，学校应把教师的研究与培训融为一体。培训方式多维度、多样化：从研究内容角度——专题培训；从课题实施角度——方法培训；从提高研究品位角度——专家培训。

另外，在开展小课题研究的各个阶段，学校还可以引导课题组教师依托网络这个跨越时空的研究平台，充分利用教师博客、校园网、教育网，发布学校的认识、做法、成果和问题，在更大的范围内进行交流，以获得更多同行的回复，从中得到帮助。

（二）研究与工作结合

坚持聚焦课堂，课题到课堂中去选，研究到课堂中去做，答案到课堂中去找，成果到课堂中去用；坚持学、研、做结合，引导教师在读书中吸取营养，在实践中探索规律，边学习，边研究，边行动；坚持合作研究，建立以骨干教师为引领的研究团队，将教研活动与小课题研究有机结合互为促进；坚持校本化管理，从本校实际出发，研究和制定切实可行的管理办法，建立小课题研究的长效机制。

教育教学关键的问题是研究课题，教师解决问题的过程就是研究。学习即研究，行动即研究，反思即研究。参与研究本身就是成果。小课题研究重在过程，教师参与了就会有感悟、有收获、有提高，这就是成果，问题解决了，就是效益。以问题积累卡为载体，为小课题研究搭桥铺路。

潍坊安丘市官庄镇初级中学科研兴校，一直作为一种最基本的理念深深地扎根于该校每一位教师的心中。该校为了引导教师寻找问题，为每位教师发《官庄中学中学教育科研问题卡》，将自己在教育教学中遇到的问题整理后选 1~2 个当前最迫切的、有价值的问题。引导从当前学校的"问题库"中选择当前自己最想解决同时也是最需要解决的问题，作为小课题进行研究。教师最想解决最需要解决的问题是什么，他自己更清楚。因为每个教师所处的环境及其自身的条件都不同，因此各人的需求不一样，这就要求教师根据自己的需求慎重选择。要求教师必须从实际出发，在充分了解自己的基础上，做自己力所能及的事，解决小而明确的教育教学中的具体问题，使小课题研究不断深入，达到了解决问题的目的。

　　根据一些小课题研究开展得比较好的学校经验，为了切实提高教师进行小课题研究的主动性和积极性，学校应该建立一套合理的激励机制，以不断地强化教师进行小课题研究的内在需求，使教师校本教研的积极性始终处于一种高昂的态势。

　　首先，对于一些优秀的小课题研究，学校给予必要的表彰和奖励，并在校内外各种"评优"活动中予以优先推荐，在职称晋升时加一定的分；其次，对于比较重要的校本小课题，学校通过学科整合的方法，面向各学科进行小课题招标，对于那些中标入选的学科教师，给予特别的经费支持，并在可能的情况下为他们提供或创造相应的校外培训、业务学习与交流以及成果发表的机会；此外，学校还应建立校级课题立项制度。对于各科教师提出的那些切入点较好、研究过程设计规范的小课题，可以列为校级科研项目，给予经费配套，并在有机会时将它们推荐到上一级教科研主管部门立项等，借以激励各科教师投身小课题的积极性。另外，学校还要做好工作的跟进式检查制度。

（三）自主与团队结合

　　自己梦自己圆。小课题研究，首先立足于教师和学校的自主。没有教师自身的积极性，小课题是搞不好的。但是只有教师自主又是不够的，因为它特别注重集体交流和专业指导。如一方面在全校面上动员布置，另一方面总结全校好的经验，进行交流，解决专业引领问题。比如小课题如何选题，什么是问题，什么是小课题等问题在培训会上进行专题辅导。此外，还应发挥名师示范引领作用。名师承担课题多吸收青年教师参与，在培训会上现身说法。

　　官庄中学在小课题研究过程中，学校要求教研组、备课组利用集体备课时间有计划地组织小课题研究汇报交流活动，开展自诊、会诊活动，加强同伴互助，发挥团队力量，力促研究的有效性和成果的共享性。在备课会上，由课题主持人说明自己在进行课题研究时遇到的问题和困惑，介绍自己进行小课题研究的思路、理由和着力点以及所提问题的具体解决方案，让全教研组的教师评价所提问题的质量，并采用"头脑风暴"的方法让所有教师尽可能多地提出建设性意见或建议。在相互探讨过程中，充分发挥集体智慧，创新教学思路，帮助教师调整思路，制订策略，促进教师之间互相交流教学信息、探讨教学方法、切磋教学艺术，高效解决小课题研究过程中遇到的普遍性问题和突出的困难，开展真正有效的小课题教研。并通过"学习—反思—互动—研究""教艺发布会"

"成功论坛""教坛沙龙""最满意的一堂课""讲自己的教学故事""多维反思" "寻找教学遗憾"等形式，指导教师小课题研究，引领教师专业成长。

（四）群体与骨干结合

当教师在小课题研究中找不到奋斗目标，不知向何处走的时候；当教师在小课题研究中遇到困难，遭受挫折，急需力量支持的时候；当教师在小课题研究中缺少方法，不知怎样做的时候，骨干教师作为有经验的人，能为群体教师起到引领的作用。如以骨干教师为引领，教研组教师合作学习、集体探索同一个问题，在研究中相互启发、共同进步，这种方式扎实有效，目标集中，能共同提高，而且有利于学习型组织的建构。浓厚的研究氛围，给每个教师增强信念。俗话说，点亮一盏灯，照亮一大片。由于有了骨干教师的典型引路，群体教师知道怎样去做，排除了一些障碍和困惑，使小课题研究能深入下去。

（五）研究与成长结合

研究即成长，小课题研究不仅让教师获得研究成果，更促进教师专业成长。学校既是学生的学校，也是教师的学校。"教师与学生同步成才，个人和学校共赢发展"。教师小课题研究并非是为了探究某种规律或者填补某个领域的某项空白，目的是为了促进自我反思、引起自我转变，是为了改进教学实践、促进专业发展，是为了提高教学素养、提升生活质量，是为了解决具体问题、总结成功经验，是为了把自己培养成为一个有强烈的反思意识、有科学的思维习惯、有基本的研究能力和有热切的专业发展愿望的研究型教师。

三、创造研究氛围

认识有多高，行动就有多快。教师开展小课题研究的思想动员也十分重要。有些学校为什么搞不起来，不是领导不重视，就是教师不认识。所以学校开展这项工作之前必须做必要的思想动员工作。将开展这项工作的重要意义和要求讲清楚。让教师真正重视起来，行动起来。

当前应试教育直接影响教师开展研究创新活动。2003 年，《教育时报》刊发了"小鲁"老师的来信——刚刚走上讲台的"小鲁"大胆进行教学改革，希望自己的教学得到学生的喜爱。应该说他充满了教育热情，对自己的教育生涯有着美好的憧憬，可是，不幸的是，学校只关心教师的"教学成绩"，很快，"小鲁"老师就在教育的理想和现实面前徘徊起来。其实，"小鲁"老师的遭遇并非个案，很多青年教师起初都对自己的教育人生有着美好的设想，然而时间不久，就产生了职业倦怠，放弃了教育理想和追求。

有一位中学老师讲了这样一件事："有一次，上级领导一把手亲自带队，督导之后给我们训话：'不管白猫黑猫，多考上几个人就是好猫；你们有什么招就使什么招，出了问题我给你顶着！顺便给你们通报一件事：某某中学一个老师向上级有关方面反映违规补课，上面派人下来调查，我们设法给应付过去了；之后，我将这位老师下放到小学，并告诉他说，你就在这里待着吧，因为小学不讲升学率——将来如果再有人向上面反映问题，我就叫他下岗！'我的心一阵战栗，卑微感骤然袭来，接着就是孤独，前所未有的孤独……"

社会日益激烈的竞争与家长望子成龙的愿望最终都压在教师头上，分数几乎成了教师生命的全部，职称、工资、晋级、调动跟分数挂钩；末位淘汰、解聘、待遇跟分数挂钩。这自然就束缚了教师教学改革和创新的手脚，成为分数的奴隶，成为应试的牺牲品。

所以要想让教师解放思想，放下包袱，大胆地去搞研究，学校要为教师减压，而不是加压；不能让教师戴着镣铐去跳舞。在校园内要创造良好的研究氛围。

四、保障研究时间

能不能保证研究的时间与空间，也是教师能不能搞好小课题研究的一个关键。

江苏省连云港市朱曹中心小学王秀梅校长曾在本地区做过一次教师生存状况问卷调查，调查显示，52.3%的教师每天工作时间为8至10小时，30%的教师每天工作时间超过10小时。以笔者所在地区农村小学1∶24.5的师生比例核编，某村小学共6个年级123名学生，核定教职工数为5人，不但无法完成基本的教学任务，连规定的课程都无法开全开足。520名学生的中心小学，12个教学班，周课时要360节，核定教师数仅为22人，实际投入教学一线的教师18人，人均周课时数达20节之多。

另外，教师每天要奔波课堂与办公室之间，要填写一张又一张名目各异，自己永远也搞不清到底有没有实际作用的表格，写一篇又一篇连自己都不知道怎么写的计划、总结、论文，参加一个又一个层次不等规模不同的会议，还要参加各项比赛和训练……教师经常超负荷工作，自由空间被挤压到最小，在忙碌与疲惫中，教师只好把本身具有无限创造力的教育活动沦落为一种"做"的程序，铃起而作，铃落而息。所以这也是教师开展小课题研究的实际困难。

为此学校要想保证教师的研究时间和空间，就应该在学校的日常教学管理中适当给教师松绑，并有计划地给教师留出固定开展学习研究的时间和空间。如每周三下午3点学生放学后，教师静下心来，以教研组、各学科研究会为单位开展教研活动；每月的周五下班后为大论坛时间，全体教师自愿参加校级教研活动。另外，学校在课程表的安排上应最大限度地考虑到教学与教研的协调，教研活动期间，全校实行"绿色通道"服务，所有领导班子成员参与其中，提供一切保障服务。

如青岛市城阳区夏庄镇夏庄小学，对教师在小课题研究过程中要有时间进行反思、研讨、交流、总结等，学校提供了时间保障。每天下午4:30—5:00这段时间教师可自由支配，针对研究可以相互讨论，可到图书室查阅文献收集资料，可到校外调查访谈；每周六上午10:00—11:00是教师撰写研究小结的时间；每月拿出半个工作日的时间让学科组开展活动，教师们可以根据计划安排或交流或研讨或成果展示，有了时间的保障，教师们可以切实解决教育教学中需要研究的具体问题。

五、建立奖励评价机制

在学校里常常有这样两种人：一种人是一心埋头在自己的教育教学工作中，他们把时间精力用在钻研业务，开展教科研和班主任工作上，他们没有时间，或者是不善于、不愿意去和领导频繁沟通和交流，甚至和群众交流得也相对少一些。因此这部分人虽然工作做得很好，业务能力也很强，但却没能得到领导的赏识，甚至学校中评优评先、职称晋级等好事也得不到。与之相反的是，另一种人工作很一般，能力水平并不强，但善于做表面文章，见领导眼色行事，甚至还很浮躁，但这样的人恰恰容易得到领导的赏识，评优、评先、晋级等好事他们也容易得到。这就出现了实干的老师不如巧干的老师，苦干的老师不如会干的老师，甚至出现干的不如看的，看的不如捣乱。这种情况虽然不一定很普遍，但在一定程度上，严重挫伤了教师的工作积极性和钻研业务的积极性。

所以小课题研究要想调动和保护教师的积极性，学校应建立良好的奖励评价机制，解决那种"实干不如巧干""苦干不如会干""干的不如看，看的不如捣乱"的歪风邪气，树立正气。真正让那些又劳又苦、踏踏实实搞研究又有成果的教师不吃亏。

为了调动教师开展小课题研究的积极性，青岛市城阳区夏庄镇夏庄小学出台了《夏庄小学小课题研究三级管理实施意见》，对教师小课题研究的每个环节如何实施，怎样操作，以及达到的目标均有详细的要求，理顺了教师、学科组及学校各层面的管理思路，明确了各自要做好哪些事情，解决哪些问题。

正确的评价对干好工作既起到导航作用，又能发挥助推的效应。为使广大教师在小课题研究方面目标明确，积极主动，学校领导小组又讨论制定了《夏庄小学小课题研究评价办法》，针对教师小课题的申报、实践研究、中期报告、结题答辩、成果展示等环节制定了切实可行的评价办法。"管理"与"评价"章程的制定与实施，实现了小课题研究有计划、过程有管理、环节有评价，推动了小课题研究的有序开展。

为防止教师小课题研究"有头无尾"或"无病呻吟"或内驱力不足，学校采用将研究过程中的全程评价结果与奖金挂钩，在学校组织的教师小课题研究评比中获一等奖的可奖励100元，二等奖80元，三等奖60元；在市教科所组织的评选中获一等奖的可奖励200元，二等奖160元，三等奖120元；获得更高一级别的奖励，奖金数额是市级别同等次的2倍；除此之外，教师的小课题研究情况将作为教师年度考核、职称评聘、骨干教师评选、评优树先的重要指标。

教师小课题研究的评价可以考虑这样几个问题。

1. 评价原则

教师小课题研究实行"全程评价"与"重点评价"相结合、"能力评价"与"态度评价"相结合、"定量评价"与"定性评价"相结合。

2. 奖励办法

教师小课题研究实行"精神奖励"与"物质奖励"相结合、"个人奖励"与"团队奖励"相结合、"单项奖励"与"综合奖励"相结合。奖励比例为课题数的20%。教师充分利用信息化手段，建立"教师博客"进行小课题研究的交流与探讨，则予以特别奖励。

3. 附加价值

教师小课题研究将作为教师年度考核的参考项目、教师绩效奖积分的加分项目、职称评聘的必要条件和骨干教师评选的重要指标。

六、强化研究指导

教师不仅要解决一个想干的问题，还要解决一个会干的问题。教师小课题研究一要自主研究；二是要靠专业引领。如果学校的专业引领跟不上，不仅直接影响教师小课题研究的质量，还关系到研究工作的成败。所以学校必须重视对教师小课题研究的指导。

教师搞小课题研究每个阶段会出现一些常见的问题，学校可根据每个教师具体问题给予具体指导。指导的方式可以采用集中辅导（搞讲座）与面对面的个别指导相结合。

1. 指导选题，把住选题关

小课题研究，一定突出一个"小"字。但是很多教师仍然不肯在"小"上下功夫，课题研究越来越大、越来越虚、越来越空，研究到最后，自己也说不清研究了什么。所以在这个问题上一定要把住关。以小见大，小题大做，把大题化解成若干小题等。千万不能把题选大了。

2. 指导方案设计，重在实用

指导教师在方案设计上不要花太多心思。关键是多查找资料，整理和拓展思路。方案设计要在研究过程和具体操作方法上多做工作，不要再为写方案而写方案。

3. 研究过程要"实"，避免只有两头，没有中间

小课题研究的关键是研究过程，可以说，没有了过程研究，也就没有了研究，还谈什么成果。把小课题研究中最真实、最有价值的过程省略掉，小课题研究也就没有什么真正的成果可言。在过程指导中可以采用课例诊断式：即在校本教研活动中，把握问题、设计、行动、反思、总结等环节，共听一节课，一人主说，大家补充；一人执教，全组聆听；一人主评，集体评议。以小课题为主线展开教研组活动，以思想唤醒思想，以智慧生成智慧。每次学科教研会，都有一个研究主题，每位教学领导都主抓一两项学科小课题，每次教研会，都是一次小课题研讨会。

小课题研究的过程指导应注意这样几个问题。

（1）教师要按小课题方案具体去实施，而不是把方案作为一种应付检查的材料。

（2）边研究、边观察、边总结。注意发现新情况，根据具体情况调整原方案。

（3）注重实际研究效果，应以自己的实践研究来证明自己的研究成果，而不是非要用别人研究出的高深的理论，来证明你的研究取得了成效。

（4）研究出现暂时性的困难和障碍是正常的，要不抛弃不放弃，只有坚持才能胜利。

（5）不注重研究过程，只关注研究"成果"，平时没有很好地积累和记录，到研究结束时才想起总结，结果找不到研究的痕迹，研究"成果"只能停留在最初的课题方案的水平，道不出"所以然"。

4. 研究成果提炼指导

教师只重视做，不重视写；只停留在感性认识，不能上升到理性认识；缺少对小课题研究经验成果的不断总结和提炼是具有普遍性的。在填写《成果申报表》时，不是"沙里淘金"的提炼过程，而是一些具体做法的简单罗列。回望自己研究历程的时候，难免摸不着头脑，鱼目混珠，更找不到自己研究成果的精髓在哪里。如有些教师本来做了大量工作，但要么把方案的内容原封不动地搬到成果表上，要么把自己所知道的教育理论都列举出来，要么把"提高了课堂教学效率""提高了教师素质""提高了学生学习兴趣和学习成绩"之类的口号式的语言都罗列在一起……

针对这一情况，学校就应对教师研究成果提炼提出具体要求，并通过案例有计划、有目的、有方法地指导。

第十一章
主题研讨校本研修策划

　　电视上《焦点访谈》《朗读者》《对话》《面对面》等栏目，之所以颇受广大观众的青睐，有两个重要原因：一是话题抓得好，内容针对性强，敢于揭示人们关注的尖锐问题和矛盾；二是以谈话的方式来进行，通俗易懂，直截了当，简单明了，有亲和力。

　　类似于电视的谈话节目，对于学校中教师关注或困惑的一些热点、难点、盲点、重点问题，学校列为研讨主题，而后进行有目的、有计划、有组织的主题研讨，是学校又一种有效校本研修方式。

 **案例分享**

换一种方法做教研

山东省潍坊广文中学

　　每当学期之初，总会有不少教师抱怨学校制订教研工作计划的要求："尽弄些不着边际的假、大、空的东西，做什么啊？对教师起不到任何作用，计划制订之日就是计划结束之时啊。"不少教师要么把往年的计划重抄一遍，要么到网上下载一篇，草草应付了事。

　　基于这种情况，我们本着"问题即课题，课题在课堂，问题源于教师，教师解决问题"的原则，把教研计划和课题研究有机地结合起来、把课题选题和课堂教学有机地结合起来、把课堂教学和解决问题有机地结合起来，探求教研方法、深化教学改革，经过几年的实践，收到了良好的效果。

我们的做法主要有五个步骤：

第一步是征集问题。

在制订教研计划前，我们把教研组的教师集合起来，每人以书面形式提交自己在教学中最感困惑的10个问题，按照程度的大小顺序排列。收集后，对问题进行分类，按照得票顺序排出前10个问题。

例如，我们开展了思想品德课"自主互助学习型"课堂教学实验，教师们在实践了两个多月后，感觉很多问题需要解决。按照上述步骤，我们归纳出了10个问题，分别是：①自主、互助的方式有哪些？应该如何操作？②如何协调学习小组间、小组内的人际关系问题？怎么让各种类型的孩子敢说话、有话说？③怎样培养学生勾画圈点、静心读书等习惯？④学生交流时，一对一、一对多、多对多这三种方式，哪一种方式更有效？⑤展示的方式有哪些？怎么操作？⑥怎么让学生学会表达、学会倾听、学会笔记、学会评价、学会质疑？⑦课堂小结有哪些方式？小结是什么内容？⑧怎么落实"作业像考试、考试在课堂"的要求？⑨如何发挥学习小组中小组长的作用？怎么培养小组长？⑩如何收集、转化情境材料？如何创设情境进行教学？

第二步是认领课题。

将以上10个问题发放给教师，让他们从中任意认领1~2项作为自己本学期的教研课题。可以单独承担，也可以和认领相同任务的教师结成课题研究小组。

第三步是撰写开题报告。

开题报告切忌烦琐，只要把问题从"是什么—为什么—怎么做"三个方面分析好，并且把时间安排好即可。这个步骤的目的是让教师之前只存在于意识中的问题进一步系统化、条理化，为以后的研究打下坚实的基础。

第四步是研究解决问题。

每位教师都带着自己的问题进入新学期的教学实践中，并把这个问题当成自己教学活动中不可或缺的一部分，思考之、探讨之、实践之、总结之、反思之、推广之。

一般来说，问题研究到一定程度，特别是到了学期中，很多教师会进入高原期，解不开的"疙瘩"越来越多，有的甚至感觉进行不下去了。例如，研究问题②的教师发现必须解决的相关问题越来越多：学习小组中男女生怎么搭配？知识水平、个性差异较大时，怎样让学生获得小组的认同感并能和其他小组平等竞争？很多问题开题时没想到，而是在研究过程中生成的。这些问题往往就是课题研究中最具有价值的部分。

这时，我们组织了一次"中期会诊会"，让每位教师把自己的进展情况说一说：已经取得突破的有哪些？有什么困惑？下一步的打算是什么？让全组的老师进行评点，共同出主意、想办法。"当局者迷，旁观者清"，局外的人往往会有不同的视角和见解，会给研究者以深刻的启迪，进而收到"柳暗花明又一村"的效果。

第五步是交流共享。

到了期末，每位教师把自己的研究成果整理成文，与别人交流共享。例如，对于问题④，研究的教师就归纳出了"$1\sim2\sim4\sim6\sim8\cdots n$"的小组学习交流模式。即一个需要探讨的问题提出后，学生必须先自己独立地阅读、甄别、思考，个人能够解决的，不拿到2人小组中去；个人解决不了，采取一对一的方法；如还解决不了，再拿到4人小组去解决……重大的问题才能拿到全班去讨论。这个模式解决了困扰很多教师的关于合作学习实效性的问题，把追求表面热闹转化为追求学习效率。再如针对问题⑤，研究者竟然归纳出了28种具体的方法，让所有的教师惊呼受益无穷。

由于这些成果是教师们结合自己的实践总结出来的，解决了工作中的困惑，也解决了其他教师关注的焦点，又符合自己学校学生的具体情况，所以，学习和运用都非常顺利。

实践证明，这样的研究是"以人为本"的研究，是解决教学、教研"两张皮"现象的有效尝试。

 问题分析

主题研讨校本研修的诠释

什么是主题研讨校本研修策划？所谓主题研讨校本研修，是指针对教师关注的或存在困惑的一些热点、难点、盲点、重点问题，学校将其列为研讨主题，而后进行有目的、有计划、有组织的主题研讨。

根据每个学校的具体情况不一样，每次活动主题不同，主题研讨校本研修的

形式也是多种多样的。多数情况下的程序有六个步骤：

第一步，问题征集。问题的征集应是多渠道和多方式的。比如通过学校领导深入教师和学生当中座谈调查，通过设计问卷让教师列摆，通过教师领导深入教学一线参加听课评课等教研活动时留心观察等。问题征集上来后学校应建一个"问题库"。即用一个专用本把搜集上来的各种问题，分类整理，综合归纳并做记载。

第二步，确定主题。把从教师征集的问题与问题库中的问题做对照，找到共同点，确定研讨主题。研讨主题的确定可以由领导和教学研究人员集体来定，可以通过征求老师的意见来确定，还可以通过投票选举的方式来确定。如列出 10 个主题让教师投票确定。不管用什么方式，研讨的主题一定要是教师最感兴趣的。

第三步，学习理论。确定主题以后，组织教师围绕主题自主研修，准备的过程即是教师提升的过程。

第四步，研讨人员的准备。

1. 研讨人员的确定

确定研讨人员时应适当考虑人员的构成。如一般性教师、骨干教师、学年组长、学校领导或教学专业研究人员等。

2. 研讨人员话题的准备

研讨人员确定下来以后，组织人员应将研讨话题及时通知研讨人员，并让他们围绕研讨话题去学习理论，查阅资料，必要时也可以写一个发言提纲。根据具体情况，研讨的话题也可适当做分工，以便有所侧重。

3. 主持人的准备

研讨会的效果如何，主持人十分重要。主持人应有这样几方面素质和能力：①居高临下的驾驭讨论话题能力。既能把话题引出、展开，还能把话题收拢归纳；能把浅显的话题引向深入，也能把深奥的话题引向通俗，做到收放自如。②综合力和组织力。谈话应是在轻松、和谐的气氛中进行，这就在于主持人能否营造氛围，创造条件，激发研讨欲望。主持人应有幽默感和概括力。

第五步，实施研讨。通常研讨最容易出现的问题是：①主题不突出，话题散乱；②空对空谈理论，不解决实际问题；③就事论事，认识肤浅，收获不大；④氛围营造死板，形式单一。这就需要做好充分的准备。

第六步，研后交流。研讨后如不及时总结，就会"水过地皮干"；不及时交流，只能是"点"上受益。所以研讨会之后，一定要进行归纳提炼，形成精练的文字材料，分发全校教师，实现点上研讨，面上受益，成果共享的效果。

研修策划

怎样开展主题研讨式校本研修

什么是策划？策划就是积极主动地想办法，策划也是谋划和筹划的意思，包括定计划，出点子。俗话说，凡事欲则立，不欲则废。校长开展校本研修活动也是同样道理，不能草率从事，应该很好地策划，即从活动内容、形式、时间、地点、参与活动的人等方面进行很好的筹划，精心设计出针对性强、实效性强的活动方案。

一、活动主题与目标的策划

方法的困惑往往是目标的迷失。任何一次活动的内容、方法、形式等都是为目的服务的。在策划研修活动时首先抓核心主题，满足教师需要，应明确活动的主题是什么，要达到什么目的。例如，搞一次公开课活动，要解决什么问题？是介绍推广一种新的教学经验或方法，还是针对教师普遍存在的某一倾向性问题？还是针对教师普遍渴望解决的某一困惑性问题？是解决新课程下三维目标的设计问题，还是解决新课程下开发课程资源创造性使用教材问题？总之，任何一次活动，都必须先搞清楚活动要解决的问题。

二、话题切入点的策划

来自一线教师的教研问题可能很多，但是哪些是更重要、更关键的问题呢？这就有一个问题筛选的过程。因为一次教研活动只能集中解决一两个问题，不可能面面俱到。

如当前课改教师就有下面很多困惑：

1. 小组活动中出现优生和差生不同情况怎么办？

2. 教师评价中，既要组织教学，又要忙于评价，顾不过来怎么办？

3. 在小组活动分组时，差生谁也不爱要怎么办？

4. 小组评价越来越多，周评、月评负担重，又会出现泛化、淡化怎么办？

5. 小组活动效率下降，浪费时间，完不成任务怎么办？

6. 学生小组内探究可以，小组外探究不好怎么办？

7. 课改课备课比传统备课费时间怎么办？

8. 小组培训太难了怎么办？

9. 学生课堂发言说不到点子上怎么办？

10. 什么样的导学案更有效？

三、研修形式的策划

研训一体，管训结合。先研后训，先点后面，以研带训，以训促研，研训结合，这是开展教研和培训的好形式。因为只有研出成果，研出经验，才能推动培训。抓典型、抓案例，是把新课程的构想变成看得见摸得着的东西，以便在面上学习和操作。目的不是让人照抄照搬，而是开拓思路，举一反三，触类旁通。另外有了案例展示和现场交流，使大家看得见研训成果，增强了学习者的信心。所谓"拨亮一盏灯，照亮一大片"就是这个道理。

一般程序：确定主题（本次要研究的主要内容和目标）→设计方案（基本构想、方法、措施）→抓研训案例突破（抓试点按计划实施）→现场案例展示（学习者观摩、参与研讨交流）→评估总结（认识规律）→面上推广。

教研形式很重要，它直接影响教研效果。程桂芳老师曾对本人承担的数学学科三、四年级86名任课教师做过问卷调查，题目是"教师对教研活动的需求调查"。其中教研活动方式的统计结果如下（见表1～表4）（即哪些教研活动形式教师最愿意参与，最受益）。

表1

您感到受益最大的教研活动	教材分析	专题讲座	研究课	中心组活动	视导听课	其他
百分比（%）	9	21	63	16	22	2

表2

如果让您参与教研活动，您最喜欢的方式	说课	看一节课后评课	其他
百分比（%）	6	91	6

表3

区教研课后组织教师们交流研讨的必要性	非常有必要	有必要	没有必要
百分比（%）	37	57	5

表4

在区研究课的内容选择上对您最有帮助的是什么	结合教学进度的	围绕科研课题的	同一内容不同教学思路的	其他
百分比（%）	26	17	73	2

（注：以上表中有多项选）

调查结果显示，教师最欢迎的是高质量的研究课及课后交流研讨活动。因为通过研究课，教师可以直接看到如何把新的教育理念变为可操作性的教学行为。

由此可见，教师们很喜欢听研究课，尤其是同一内容不同设计思路的研究课；教师们更喜欢听课后评课，尤其是大家共同参与的课后交流。教师不断学习新的教育理念，其认识水平和教学能力都不断提高，但在创新教学思路上他们渴望得到新的启发和灵感，愿意通过各种交流研讨活动互相促进，寻求自身的发展。

为了了解教师们对参与研究课的态度，程桂芳老师还做了这样的调查：

表5

您认为区研究课做课人选产生的方式	教师自荐后筛选	中心组教师说课竞争	其他
百分比（%）	70	9	10

表6

您对参加各种教学竞赛活动的态度	非常感兴趣	感兴趣	不感兴趣
百分比（%）	15	53	15

可见，教师主动参与教学改革的热情很高，希望通过研究课和各种教学竞赛活动提高自己，展示自己，在日趋竞争的大环境中愿意接受挑战，努力成为强

者、胜者、成功者。

　　针对以往教研存在的问题，针对上面的教师对教研组织形式需要的调查分析，教研员在设计教研活动的形式上应考虑这样几个问题。

> 1. 变"一人主讲"为"群体参与"。
> 2. 变"面面俱到"为"突出亮点"。
> 3. 变"普遍号召"为"先抓典型"。
> 4. 变"重形式"为"重实效"。
> 5. 变"盲目跟从上面"为"突出地方特色"。
> 6. 变"学科封闭"为"综合开发"。

四、重视活动计划的设计

　　教研活动计划，是指在进行某项教研活动前的具体设想，是进行课题研究工作的思路和框架。人们容易看到的是物化的财富，而不容易注意到潜在的财富。"点子"就是一种潜在的财富。"点子"是人做事的一种思路办法与策略，它体现了人的创造和智慧。教研活动的设计就是一种搞教研的"点子"，也是一种教研工作思路，方案设计得越好，越有助于研究工作的成功。

　　制订计划之所以必要和重要，有以下几个理由。

　　1. 整理思路

　　研究人员设计计划的过程，就是整理研究工作的思路和过程。因为有了计划，课题研究就有了明确、清晰、可行的思路。如果不制订研究计划，盲目地凭感觉去瞎碰，绝不可能获得研究成果。研究工作也不可能顺利进行。有些教研搞一搞就无声无息，或半途而废，这与没有一个切实可行的研究方案有密切的关系。

　　2. 课题具体化

　　有了研究内容，该如何去实施和操作呢？只有设计方案，把课题具体化，才能去分步实施和操作。有人说，制订出具体、可行的研究方案，就等于完成了课题研究的一半，这是颇有道理的。

　　3. 有助于评估

　　有了教研方案，研究者在研究过程中可以对照方案检查自己的研究工作的进展是否按计划进行，是否按期取得阶段性成果，教研管理部门对课题研究进行检查督促也有了依据。

4.活动计划的制订要求

要简练、实用，操作性强，少说大话、空话、套话。

五、因地制宜，选择合适的研讨方式

研讨形式也要依据不同的问题、不同的情境、不同的研讨条件而灵活安排。通常有这样几种方式。

（一）自发研讨式

课余时间，年轻教师在一起漫谈，交流教育思想、教学方法和工作困惑，分享成功的快乐、喜悦、收获，这种自发式的研讨常常迸发出一些智慧的火花，让自己的思想在研讨中飞翔，心智在研讨中得到提升，灵魂在研讨中获得净化。

教学中的种种问题，常成为教师自发研讨的话题。但与以前不同的是，教师不仅谈做法，而且谈想法。教师运用学过的教育理论知识，去论证自己的预设或对实践效果进行评价。如在一次课后闲聊中，大家谈到学生升到三年级后，上课时主动举手的人数明显减少，到四、五年级，大多数孩子就不肯主动当众发言。究竟是什么原因？难道真是孩子成长的规律？

这个问题被提交到三、四年级的语文专组讨论。大家比较不同年级、不同孩子的表现后，发现其实年级越高，学生的疑问越多，只是教师没有提供适合学生心理的表达形式，也没有保护学生超越文本的想象权利，所以造成了"没有问题"的假象。因此，教师们决定进行"如何培养中年级学生质疑能力"的初步研究，并确定了三、四年级不同的研究目标。

为了研究如何让学生"敢于质疑"，课题组对教师课堂上的激励性语言、表情都进行了设计，并自发轮流听课，计算学生提问次数、频率，在实践中体会效果；进而研究学生质疑的内容，运用预习中写下问题、课堂中板书问题、作业中找出问题等手段，让学生学会提"有价值的问题"；当学生踊跃质疑之后，研究的主题就变为如何解决"问题聚焦"和"谁来聚焦"的难点，从教师帮助归类到让学生自主归类，继而又深入研讨"抓什么问题为主线来组织教学"，师生一起寻找关键问题，改变那种"有温度没深度"的教学。在这样的研讨中，"帮助学生在质疑中超越文本提高感悟能力的研究"课题组成立了。最后，关于质疑的

研究发展到了"如何让学生学会正确解疑""如何引导解疑的多元化阐述""把握解疑中的价值取向"等较高层次，课堂教学也呈现出前所未有的互动状态，教学质量明显提高。

（二）学术沙龙式

沙龙原指从17世纪起，西欧贵族、资产阶级社会谈论文学、艺术或政治问题的社交集会。这里的学术沙龙为校本教研活动，是指学校根据教师的兴趣爱好和学习需要，定期不定期组织的读书报告会、教学经验交流会、教育教学研讨会等。目的在于给教师创造互动交流的机会，同时也通过这样一个互动集会，让他们互交朋友，拥有与更多人交往交流的机会。这种学术沙龙式活动，可以由学校组织，也可以由教师自发来组织。

六、教研活动的组织过程

教研活动课题选择得当，计划方案设计得也很好，但是组织不好，也会影响教研活动的效果。因此应做好这样几项工作。

（一）认真体会方案，逐项落实计划

在计划实施过程中，相关人员都应认真体会计划目的、目标、内容、形式、方法、要求，做好分工，搞好培训，做到职责分明，团队合作高效。

（二）重视过程，抓好试点

有些教研活动是先研后训，先点后面，这样前期的准备工作特别重要，或者说这是教研工作的重要组成部分。因为研的水平决定训的质量，只有研出成果，训才有成效。

教研过程千头万绪，而且事事关键，所以在进行教研活动的准备时，无论是对研究课、示范课、执教者的准备、评课者的准备，或者专题讲座主讲人的报告材料，或试点校的经验材料，或教师的才艺表演或教研活动程序，会标、主持人的主持词等，应逐一审查落实，做到心中有数。

（三）抓住高潮，突出重点，严肃活泼

教研活动的最后呈现是教研工作的高潮，主持人要认真调控整个教研活动，既要抓各个环节的落实，又要突出重点；既要要求严格，又能创造宽松的气氛。比如在教研活动中，评课应该是高潮，也应该是一个重点，主持人必须发挥聪明才智把参与活动者的积极性和创造性调动起来，让大家既有严肃认真的态度，又

能在民主、宽松、和谐、快乐的氛围下发表意见，使教研活动的作用得到最充分的发挥。

在主持教研活动时，把握分寸尺度也很重要。

一方面，要注意发挥一线教师的主体作用，让他们有参与意识。如听课评课，可以改变以往教师上完课由专家点评的方式，鼓励听课教师上台评课，提供听课教师、上课教师、专家对话的平台，从而激发听课教师的主人翁意识，增强教研活动的吸引力和凝聚力。另一方面，倡导教研活动的民主和开放，并不意味着只满足于就事论事，或茶馆式的泛泛而谈。倡导教师成为研究主体，也并不意味着就可以无视专业人员的引领，必须重视专家的支持和指导作用。一种好的教研活动应是既能听到教师的凡人俗语，也要有专家们的真知灼见，在开放、互动的同时，不乏理性的升华。

（四）重视教研后的辐射，扩大受益面

为了使每次的教研活动在教师群体中发挥更好的作用，扩大影响力和受益面，教研活动的组织应研究教研活动的辐射作用，使每次教研活动都能在教师中生根开花结果。

作为活动的策划者，常常都有这样的体验：辛辛苦苦策划了一个活动，而且活动的质量和效果都不错，但到现实的课堂当中，发现学校的状况依然如旧，教师的行为也依然故我，连活动的影子都没见着。于是，怎样扩大活动的受益面，这又成了我们感到非常棘手的问题。这一方面需要我们着力理顺教研网络，健全教研队伍，甚至发挥与会代表的作用，把活动的精神传达并落实到校本教研之中；另一方面需要争取宣传阵地，构建资源共享的平台，如借助报纸杂志刊载详尽的会议材料，或利用现代教育技术，把一些优秀的案例放在公共的资源库中，让教师随时浏览、调用。为此，活动前，我们在对上述诸多问题进行认真思考的基础上，拟订了详尽的通知，把活动的目的、内容、形式以及要讨论的问题和对参加会议的要求都一一交代清楚，提早下发到代表手中，并刊登在《教学月刊·小学版》上。活动后，要求每一位上课教师写出详尽的教学体会和思考，有关人员写出会议的综述等，寻求宣传阵地，争取让更多的教师能分享活动中孕育的财富。

七、发挥教研前沿阵地作用

教研组是学校开展教学研究的最基础单位，是教学研究的"前沿阵地"，是

形成教师集体的基础，是教导主任指挥教研活动的"腿"。因此教研组作用的发挥，对于发挥教师集体的智慧，对于调动教师的积极性，广泛开展群众性的教研活动，对于教导主任得心应手、有条不紊地开展各方面工作都具有重要的意义。任何一个有头脑的学校领导都不会忽视教研组作用的发挥。那么，校长怎样抓好教研组工作呢？

什么是教研组？教研组是由同一或相似学科教师组成的教学研究组织，是以本校学科教师为基础形成的教学研究单位。其基本责任是抓好常规教学，组织学科的教学研究，及时总结本组教师的教学经验，改进教学工作，提高教学质量，帮助教师提高教学业务水平和师德修养的组织。

当前教研组存在的问题有：一是组织松散，有些教研组有其名无其实，作用发挥得不好；二是工作负担重，教研活动时间难以保证；三是缺少将专家的理念转化为自己的行动的方法。有的教师认为自己的研究能力还比较缺乏也是开展教研的障碍之一；四是缺少经费、资料等；五是缺少一定数量的骨干教师。在教学研究中，骨干教师又是起主体作用的主心骨。可是，目前的学校市级骨干教师的数量远远不能满足需要。这是直接影响教研效果的一个不可忽视的原因。骨干教师的缺乏，使教研活动很难有效地开展起来，大多都是走过场，应付了事。而且，有些骨干教师因为本组中的教师比自己年龄大、资历深，不愿意畅谈，这对教师的成长极为不利。这样的教研活动缺深度，多是形式化、走过场，往往事倍功半，收效甚微。教研活动到底缺什么？缺的东西太多了，如时间不能保证，考评不能跟上，氛围不够浓郁，教师缺乏积极性，活动没有系列性，不够主题化，但是，最重要的还是活动的深度不够。

后　记

　　沈阳师范大学副校长关松林在"草根专家的力量与价值"一文中写道:近20年来,在辽宁的盘锦和本溪有两颗璀璨的明珠在中国教育的土地上光艳夺目。一位是享誉全国的教育改革家魏书生先生,一位是在全国基础教育界久负盛名的徐世贵先生,他们出生于同一个时代,经历过相似的生活境遇,有过相同的人生诉求,实现着相似的人生价值……对于关院长的这个评价我是受之有愧的,因为魏老师是真正的享誉全国的教育改革家,而我还仅仅是一个学生而已。

　　生下来就挨饿,上了初中就停课。鄙人没有显赫的家庭背景,也没有令人羡慕的高学历。但经过30多年的学习探索,获国家、省级优秀研究成果奖多项,发表论文百余篇,出版《怎样听课评课》等教育专著30多部,大多数专著成为全国的畅销书。多次应邀在全国为校长教师讲学几百场,教师和校长们说读徐老师的书,不用费力就能理解深奥的理论,在轻松的阅读中就能收获很多。听他的报告没有空洞的大理论,听得懂,用得上,操作性强,极具感染力和说服力。现在我被评为辽宁省特级教师、正高级教师、本溪市优秀专家,被东北师范大学等几所高校聘为兼职教授。

　　因为在基层多年从事教研、科研、培训的原因,"有效校本研修的策划"是鄙人多年研究的领域。过去在辽宁做过"骨干教师专业引领与自主研修模式的研究"和"名师六个一工程"十几个课题研究。曾获得国家教育部专家组两次现场考察肯定,并获得国家级优秀成果奖。到北京华师教育研究院工作以后,又做了"骨干教师三环六步体验式研修"实验研究,效果很明显,得到基地校的领导和教师的认可和好评。所以写这本书是有笔者多年的实践研究做基础的。实际也是笔者这些年关于校本研修研究成果的一次总结与梳理。

本书在编撰过程中吸收了名校的校本研修的经验，参考和引用了有关著述中的研究资料，在此对原作者一并表示深深的谢意。限于我们的水平和能力，书中一定会有许多缺点不足，乃至错误，希望各位专家、教育同人不吝指教。

作　者

微信：x17069949961